U0001429

行為投資金律

完勝90%資產管理專家的行為法則

THE LAWS OF WEALTH

PSYCHOLOGY
AND THE SECRET
OF INVESTING SUCCESS

Dr. Daniel Crosby

丹尼爾・克羅斯比博士 —— 著

李祐寧 —— 譯

Contents

▶ 前言：**是時候該重塑你的投資行為了！**　　009

▶ 自序：**停止擔心你的錢，並開始閱讀這本書**　　015

▶ 導讀：**寄生蟲與財富**　　019

從痛苦的「幾內亞線蟲病」說起

扭轉投資績效的關鍵行為準則

別告訴自己「千萬不要這麼做」！

這本書將幫助你遠離「投資者瘟疫」

第一部分：**自主管理10大行為投資金律**

如何執行正確的行為，並為自己賺取因為行為差距所帶來至少4%的獲利？

▶ 序章｜猴子與燕尾服：

破解投資者的自我矛盾　　037

未來，比現在更可靠嗎？

做低於自己預期的事

遠離那些瘋狂群眾

▶ Chapter 1｜第一個行為投資金律：

校準自己的行為，才是進場前最重要的事　　055

▶ Chapter 2 │ 第二個行為投資金律：

單打獨鬥行不通，行為教練是最好的輔佐　063
● 給財務顧問的 10 個問題
出人意料的附加價值

▶ Chapter 3 │ 第三個行為投資金律：

駕馭價格波動下的非理性焦慮　075

▶ Chapter 4 │ 第四個行為投資金律：

情緒會瞬間遮蔽你的交易常識　083
激情，如何無聲摧毀你的原則？
● 快速掌管情緒的 10 個祕訣
市場上永遠不缺好故事

▶ Chapter 5 │ 第五個行為投資金律：

傻瓜！市場上的你真的不特別　095
被投資人低估的不利條件

▶ Chapter 6 │ 第六個行為投資金律：

根據真實的需求，而非以指數來評估績效　105
我們如何不自主地接受暗示？
投資，是一個人的派對
建立「目標導向」的計分板

將自己從「整體」中抽離出來

▶ Chapter 7 │第七個行為投資金律：
預測工作留給氣象播報員就好　　119
史上最爛的神燈
有效預測的最大障礙：自信
影響分析師的不當誘因
認知的自動化操作

▶ Chapter 8 │第八個行為投資金律：
市場的過剩現象必然不會持久　　133
一切都將過去
「均值回歸」魔咒
好事不會久留

▶ Chapter 9 │第九個行為投資金律：
多樣化意味著總會留下些遺憾　　145
控管行為風險之道：多樣化
當投資世界越來越小

▶ Chapter 10 │第十個行為投資金律：
風險，並不只是一條彎曲的線　　157
重新理解「個人風險」的定義

扭曲投資行為的波動性風險

思考風險控管中最重要的事

▶ 寫在進入市場之前：**行為投資金律的實戰運用**　　171

第二部分：打敗90%專家的行為投資組合

如何將前述的10大行為投資金律，結合風險管理模型，百分之百地運用在實戰之中？

▶ Chapter 11 ｜ 主動型 vs. 被動型基金管理的謬誤：

優化你的《資產管理白皮書》　　185

被動型管理：打安全牌的危險性.........185

● 錯誤的投資框架

● 被動只是徒有其名

● 行為失靈

● 人人都在同一艘船上

主動型投資未能兌現的承諾.........196

▶ Chapter 12 ｜ 揪出導致賠錢的元兇：

Step by Step 控管 5 大行為風險　　205

Tips1：自我風險.........212

● 自我風險的實例

Tips2：資訊風險.........214

● 資訊風險的實例

Tips3：情緒風險.........216

● 情緒風險的實例

Tips4：注意力風險.........218

● 注意力風險的實例

Tips5：保守風險.........220

● 保守風險的實例

扭轉不當投資行為的4個策略.........222

▶ **Chapter 13** │ 扭轉投資績效的行為之祕：

「規則導向投資」的行為4C　　225

C1：一致性——程序可以打敗人類.........226

● 常識的極限

● 人為判斷的決策迷思

● 不顧一切地與「模型」調情

C2：清晰度——忽略市場雜訊.........239

● 通往地獄之路

● 少即是多

● 大數據＝賺大錢？

● 六十秒的自我驗證

C3：勇氣——留在市場是最重要的事........253
● 想與眾不同就必須付出代價
● 以不變應萬變
● 避免災難性損失
● 在市場上活著，比什麼都重要

C4：集中——更聰明的多樣化策略........267
● 恰到好處的多樣化
● 披著「被動」外皮的主動
● 主動式管理的優點
行為投資的三階段漏斗效應........277

▶ Chapter 14 │散戶投資人必讀：
持續創造優異績效的5P選股法　　279
你是笨蛋嗎？........284

P1：價格——永遠不要出價過高........285
● 價值投資就是一種風險管理
● 物超所值的價值股
● 有利可圖的痛苦

P2：資產——品質至上的買進策略........301
● 在雪茄屁股之外
● 這些獲利是有利可圖的嗎？
● 質量至上的神奇選股公式

P3：陷阱——考慮風險 318

●贏錢的人，不會意識到自己可能出錯

●如何讓「看不見的風險」具體化？

●非典型風險的判斷方法

●不輸之道：保持行為的一致性

P4：人——跟隨領袖 336

●高度缺陷者的七大特徵

●每個人都認為自家的孩子最可愛

●衡量公司值得投資的三大指標

●聽其言而觀其行

P5：推力——順勢操作 357

●動能投資的超簡史

●當動能加上價格……

總結：影響深遠的5P模型 368

▶ 後記：瘋狂世界下的行為投資學　　　371

是時候該重塑你的投資行為了！

查克・威傑爾（Chuck Widger）
Brinker Capital 資產管理公司創辦人兼執行董事

　　近期被《投資新聞》（*Investment News*）封為投資管理業界「四十歲以下的四十大思想家」的丹尼爾・克羅斯比博士，是行為金融學範疇下最閃亮的一顆新星。在這本書中，他徹底展現才華——以最清晰、明確且風趣的文字，闡述了行為金融學的關鍵思維，可以如何幫助我們締造成功的投資管理程序，以及其背後成因。無論是投資新手或身經百戰的高手與顧問，這本書都值得你一讀。

　　世上所有精彩且引人入勝的好書，往往都是因其能準確反映人心深處那複雜的小劇場。沈浸在文字魅力中的我們，飢渴地汲取著那些潛藏在因恐懼與貪婪、矛盾、諷刺、勝利與悲劇、疾病、愛與自我極限中的人性故事。那

些揭開厚重布幔、讓我們得以窺探人類心理活動的作家，都值得獲得眾人的掌聲。而將過去關於投資管理程序那總是枯燥乏味而又抽象的描述，轉化為生動、有趣、易於汲取且極富意義的人性化故事來呈現的克羅斯比博士，自然更值得所有讀者的肯定。

克羅斯比博士根據達文西、塔雷伯（Nassim Nicholas Taleb）、康納曼（Daniel Kahneman）和班·卡爾森（Ben Carson）的核心思想，一步步帶領讀者，透過這些偉大思想家的眼睛，我們得以找出最簡單的原理，並依此打造出足以帶領我們穿越任何複雜處境的可靠方法。

的確，認為「透過一個簡單的方法就能解決因複雜處境所引發的問題」，這聽起來有些自相矛盾。然而，本書在一開始，就以「幾內亞線蟲症」這個難以治癒的疾病故事，清楚證明此一道理。

儘管那項盛行在非洲大陸的蟲害無藥可醫，但當人們明白「受感染者」與「未受感染者」共用同一水源，就是導致該疾病傳染的途徑後，人們發現只需透過一項非常簡單的行為，就能中止這種只要存在就會繼續擴散的疾病。解決之道就在於：受感染者不能在共用水源內洗浴。這個簡單而聰明的方式之所以能發揮效果，是因為人們懂得控

制自己的行為。現在你開始感興趣了，對吧？

在我們開始對內容產生興趣後，克羅斯比博士又點出另一個矛盾之處，同時也是一個如若想要成功，每一位投資者、個人或機構都應該去理解並掌控的難題：為了在這個社會上存活、為了保有足夠的購買力以維持既有的生活型態，我們必須投資「風險性資產」。

然而，無論我們每一個人的能力高低，在風險性資產投資上，我們經常欠缺心理準備。說得更明白一點，儘管我們需要善用風險性資產才能存活，但罹患「恐懼與貪婪之症」的我們，總在處理以股權為導向的資產時，不管是在股票選擇或交易時機點上，老是出錯。而這是一個極為難解的問題。

對於這個複雜的難題，克羅斯比博士提出了極為簡單且聰明的解決方案。他將此方法命名為「規則導向投資」（Rules Based Investing，簡稱RBI）。RBI的投資模式，是由兩個部分組建而成——知識，以及實際執行或運用必備知識的程序框架。

在本書的第一部分中，讀者將獲得每位投資者都應該將其內化、並作為投資程序必備考量的十大「行為投資金律」。透過詳盡的資料搜集與考證，我們可以從豐富的歷

史趣聞與對話中，窺探過去與當代最偉大投資家的不朽法則——金律一：控制自己的行為。許多研究明確指出，身為投資者的我們往往會因為行為偏誤（behavior biases），導致我們過於頻繁地在錯誤的時間點進行交易，致使整體投資組合的效益無法達標。

金律二：為了改善自身的行為偏誤，我們需要一位顧問擔任我們的教練。先鋒集團《為你的價值創造價值》的研究，以及晨星公司〈Alpha、Beta和現在的……Gamma〉報告皆指出，長期來看，倘若投資者能找到一位擔任自己「行為教練」的顧問，其投資年回報率就可以提升2％至3％。而克羅斯比博士也將透過其餘八項金律，充分展示他對行為金融學的專精。這些將是賦予我們掌握、並重新主導那117項驅策我們生活一切事務（尤其是投資行為偏誤）的方法。

然而，光是知道並不夠。能充分闡述一項金律或法則，依舊不夠。我們必須持續地運用這些法則，才能獲得想要的成果。我們都明白，因為「失去」而感受到的痛苦程度，遠比「獲得」時的快樂強烈兩倍。那我們該如何控制自己，防止自己在市場最低點的時刻賣出呢？多數時候，此一答案就是確保「多樣化」為投資程序的必備元素。

然而，理解我們自身所潛藏的傾向仍舊不夠，我們必須知道該如何透過適當的多樣化來掌控它。此外，偉大的科學哲學家波蘭尼（Karl Polanyi）告訴我們一件非常重要的事：唯有當我們成功透過多樣化來規避風險時，我們才能深刻地擁有管理方面的個人知識。

在本書的第二部分，克羅斯比博士提供了只要能持之以恆地施行，就能帶領我們走向成功的行為程序框架，以及為了在風險資產投資方面取得成功所必須具備的個人知識或優勢，好協助我們管理那些經常使投資心血白費的行為偏誤。克羅斯比博士憑藉著傑出的研究能力，以及身為備受讚譽社會科學家的原則，為所有讀者提供了一套積極的資產管理程序。只要能嚴謹地遵守這套原則，不僅能讓我們在深度理解投資心理學的情況下，閃避投資大災難，更能讓我們善用人們錯誤定價的行為獲利。

規則導向投資（RBI）此一主動式管理，試著將投資者的目光集中在那些已被證明為投資管理必要元素的事物上——多樣化、低週轉率，以及低費用。更關鍵的是，RBI在其程序元素中還包括了作者所提出的四大要素：一致性（Consistency）、清晰度（Clarity）、勇氣（Courageousness）和集中（Conviction）。他以充分的說

服力，指出這「4C」就是主宰著潛藏在我們適應不良行為背後的五大常見心理元素：自我、情緒、資訊、注意力與保守。不可否認的是，在閱讀作者闡述這些行為的文字同時，我們也將看見自己的身影。

在這些精彩、有趣、深思熟慮而又充滿力量的論述之間，我們將學到整合行為金融與投資管理的最強大策略。這些策略不僅奠定了那條通往豐厚回報的道路，更可以重塑我們的行為，強化我們的自我意識。

我總能在克羅斯比博士的身上，領悟到寶貴的真理。我確信任何一位投資者與投資顧問，都會和我一樣。好好享受這本傑出的著作。

停止擔心你的錢，
並開始閱讀這本書

　　各位讀者們，這本書的目標非常單純，就是要使你致富。要想實現此種財富，不太容易。而為了達到此一目的，你必須具備耐心，勇於面對自己的錯誤，並認同僅需要幾個相當簡單的規則，就能協助你管理自己與自身財富的想法。有鑒於我們每個人都是出身於「人類」這個大家庭，因此我們往往具備了缺乏耐心、過度自信且崇尚複雜性的傾向，而這些特質也意味著：你有很大的機率會把事情搞砸。儘管如此，本書的目的依舊不變。為了拯救你「遠離自我」，我把自己的救援行動切割成兩大部分：

- **第一部分**──闡述在累積財富的道路上，為了徹底

實踐自我管理之效，我們必須訂定的規則。在根據上百年的市場歷史與不證自明的道理下，我整理出十條戒律，可隨時隨地幫助讀者將目光放在最重要的事情上（例如：你的行為）。

- **第二部分**——針對行為投資（也就是之後我所謂的RBI）提出以「規則」為根基的辦法。第二部分在概念上，可以被理解為一種逐漸收緊的渠道：從普遍性到特定性、從風險管理到回報的產生。首先，該部分提出了普遍存在的行為風險，再直接切入到可消除此風險的「規則導向投資」方法探討。在尾聲的部分，探討了施行RBI方法之餘，我所會考量的五個具體因素，作為可能應用的例子。

在全書中，為了協助讀者將剛探討過的觀點轉化成務實的實戰運用方法，我在每一章的最後，都設計了「行為校準怎麼做？」的摘要段落。這些摘要能引導讀者明白自己該如何去思考、發問和行動，善用章節所學，並將之付諸實踐，進而提升投資成效。

關於掌控「投資者世界」的規則，是如何迥異於掌控我們生活其他面向的道理，我提出了相當充分的解釋。我

們在市場上能否成功的關鍵，取決於我們是否能根據市場規則而動，而這又仰賴於我們是否能好好地認識自己。我期待在閱讀本書之後，能讓你在金融投資方面表現得更好，並且更了解自己。

寄生蟲與財富

心理，是斷絕所有可提升股市回報率方法的幕後黑手。

——本・斯坦（Ben Stein）和菲爾・德姆斯（Phil DeMuth）
《工薪族穩賺投資法》（The Little Book of Alternative Investments）

從痛苦的「幾內亞線蟲病」說起

美國南方既是一個得天獨厚、卻也充滿矛盾的地方，該區域憑藉著獨特的飲食文化、辨識度超高的口音和在待人處事上與其氣候一樣溫暖動人的名聲，確立了自身的獨特性。而我就是這樣一個奇妙而又美好地區的後代，一名土生土長的阿拉巴馬州人，而現在居住在實質上猶如南方首都的亞特蘭大。

亞特蘭大擁有許多故事：這裡孕育出兩位諾貝爾獎得主（馬丁・路德・金恩〔Martin Luther King, Jr.〕和吉米・卡特〔Jimmy Carter〕）、美國唯一一個兩度被大火夷為平

地的城市，也是 1996 年夏季奧運的舉辦地。但最了不起的地方，或許在於亞特蘭大也是全世界流行病學研究的中心，而這全有賴於美國疾病管制與防禦中心（CDC）和卡特中心（Carter Center）。

CDC 以擁有一萬四千名來自於五十個國家的員工為傲，在打擊本地與全球感染疾病方面，更是站在烽火的最前線。而根據美國前總統吉米・卡特本人慈善意願所成立的卡特中心，則將其座右銘定為「致力和平。對抗疾病。建立願景。」

儘管這兩個機構總是持續不懈地努力研究，但只有在爆發與健康相關的重大議題——例如 HIV ／ AIDS 傳染、SARS、禽流感和最近相當熱門的伊波拉病毒出現時，大眾才會發現他們的存在。由於備受媒體關注的疾病與戲劇化的名稱（『我正在盯著你，狂牛病』）攫取了不成比例的焦點，導致這些機構下其他影響力更為龐大的計畫，反而無人聞問。在這些計畫之中，其中一個就是由霍普金斯博士（Dr. Donald Hopkins）所主導的「幾內亞線蟲滅絕計畫」。

為了理解霍普金斯博士和他以卡特中心為根據地的團隊們所進行的研究到底有多麼重要，我們首先必須先瞭解

（儘管可能會有些令人不適）此種寄生蟲——麥地那龍線蟲（Dracunculus Medinensis）、或如更常見的名稱——幾內亞線蟲，會引起哪些不良症狀。

在所有能感染人類的組織寄生蟲中，幾內亞線蟲的體型最大，最長可到三英尺（約九十公分）。幾內亞線蟲也具有出色的生殖能力，其成熟的雌性可攜帶數目令人吃驚的三百萬個胚胎！世界衛生組織指出，「該寄生蟲會在宿主的皮下組織間移動，導致劇烈的疼痛，尤其當牠出現在人體的關節時。該寄生蟲最終會在表皮形成突起（多數情況下都是從腳部開始），導致皮膚出現疼痛難耐的水腫、水泡，以及伴隨著發燒、噁心與嘔吐的潰瘍症狀。」噢……

就像是嫌情況還不夠複雜般，可有效緩解此種驚人疼痛的辦法，卻會反過來幫助寄生蟲擴散。試圖暫時擺脫折磨的患者，往往會跑到當地的水源區，在出於絕望而又無計可施的心情下，將被寄生蟲感染的患部浸泡在水中。這麼做能帶給患者最直接且立即的反饋：受感染部位的溫度下降了，短期症狀緩解了。但一個人的快樂，卻危害了眾人的利益——回到水中的幾內亞線蟲，等於回到了自己最理想的繁殖聖地。如同你可能已經猜到的，這類寄生蟲在水中大量繁殖，並通過口渴村民的嘴，感染其他村民，然

後又因為村民們試圖緩解疼痛而回到水中。這樣的循環周而復始地持續下去。

然而，此寄生蟲所產生的負面社會後遺症，絕不是只有引發劇烈的生理疼痛這樣表淺（沒患病的我當然可以一派輕鬆地這麼說）。《拿出你的影響力》（*Influencer: The Power to Change Anything*）一書如此描述了結果：

> 患者長達數個禮拜都無法照料自己的田地。當父母親被感染時，他們的孩子就必須翹課以進行農活。農作物無法獲得良好的照顧。產量下滑。緊接而來的是飢荒。下一代再次落入文盲與貧困的循環中。許多時候，因為寄生蟲所導致的繼發性感染，還可能奪走人命。因此，在長達三千五百多年間，幾內亞線蟲成為許多國家無法在經濟與社會上取得關鍵進步的最大阻礙。[1]

因此，顯而易見的，當霍普金斯博士和他的團隊於1986年對幾內亞線蟲宣戰時，他們面對的無疑是世界上

1　葛瑞尼（J. Grenny）、派特森（K. Patterson）、麥克斯菲爾德（D. Maxfield）、麥米倫（R. McMillan）和史威茨勒（A. Switzler），《拿出你的影響力》。

最強大的對手之一。然而，他們的戰爭計畫卻跟預期的不太一樣。與其將全部精力投注在找出可治療該病症的藥物，他們反而試著去改變導致傳染大肆蔓延的人類行為。而他們做到了被多數人視為不可能的任務——讓此一目前仍舊無藥可醫的疾病，近乎消聲匿跡。

他們之所以能取得簡直堪稱是不可思議的成功，就在於他們做了一件其實相當符合直覺的事：他們觀察了未受感染的村落，發現少數幾個極為關鍵的行為，然後將自己的發現廣為宣傳。具體而言（且假設你發現自己正身處在發展中國家內），這幾項關鍵行為如下：

1. 在健康的村落裡，當村民發現自己的朋友、家庭成員或鄰居被感染時，他們往往願意提出來討論。
2. 在受感染者最為痛苦的時候（像是當寄生蟲從皮膚下突起時），他們會被隔離在遠離公共水源的地方。

將這兩件關鍵行動轉化成標準程序、並廣為宣傳這些行動所帶來的效果後，霍普金斯博士和他的研究團隊從而影響了數百萬名人類的生理、心理與經濟福祉。而這空前絕後的巨大成功光芒，讓人們忘了去關注他們所採取的行

動，是多麼地直接而簡單；幫助世界擺脫此一禍害的他們，事實上並沒有做出什麼驚人之舉。霍普金斯博士只不過是去理解少數幾個能帶來重大意義的行為，然後廣泛且持續地將其應用在生活中而已。

扭轉投資績效的關鍵行為準則

或許，你會認為在累積財富與熱帶寄生蟲之間，未免有些風馬牛不相及（也可能是這個例子真的太噁心了）。但事實上，透過滅絕幾內亞線蟲的故事，我們可以學到一個非常重要的道理。首先，我們必須承認一個事實：包括我們在內的所有投資者，都深受一個目前（且未來還是）無藥可醫的疾病所苦。我所期待的是當你讀完這本書時，你可以如我一樣堅信——心理學就是使我們無法獲得豐厚回報的最大絆腳石，也是我們或許能憑藉它領先其他（較沒紀律）投資者的潛在優勢來源。

第二，你必須承認抑制因恐懼和貪婪而起的疾病之法，就是嚴格地遵守一套關鍵行為準則。如同那些因改變行為而獲得解脫的村民們，霍普金斯博士所訂定的行為準則非常簡單，且符合眾人的直覺，然而難就難在執行上。

理解受寄生蟲感染者不應該接近水源這樣一件事，難道還不簡單嗎？當然簡單。但是當你的身體因為疼痛而像是被烈火灼燒時，做到這件事還叫簡單嗎？想都別想。

同樣的，你很快就會在本書中讀到的絕佳見解，或許在閱讀的當下，你也會忍不住大力點著頭。但我們能否在無論處於何種市場情況下，都能有條不紊地去實踐這些規則，則決定了這些規則的效力。一個知道不應該將自己的腳放入水中、卻仍舊忍不住這麼做的村民，事實上就跟無知的村民沒有兩樣，而投資也是如此。如同那些村民，唯有當我們為了更好的未來而願意承受當前的痛苦時，我們才能蛻變成更有能力的投資者。

別告訴自己「千萬不要這麼做」！

為著病理學而癡迷，似乎是人類與生俱來的本性。在關於人類心理的研究中，佛洛伊德（Sigmund Freud）所做的第一件事，就是指出人類心理的破碎（提示：關於你的母親），而精神分析這門學科也沿著這條道路，繼續前行了一個多世紀。在長達一百五十多年的時間裡，臨床心理學一直居於主宰地位，直到所謂的「正向心理學」

（positive psychology）研究出現，才扭轉了局面。

　　所謂的正向心理學，就是研究哪些事物使我們快樂、強壯且獨特。因此，或許不令人意外地，行為金融學也是因為這門破格的研究出現，才開始發展起來，且當前的發展更著重於解決問題。儘管學習我們是如何從有效學派進展到行為學派，並不是我們之所以閱讀本書的目的，但探索這些思維的基本理論和思考如何去改善它們，則值得我們花些心思。

　　數十年來，最受歡迎的經濟學理論認為：所謂的「經濟人」（Economic Man）是理性的、追求效用最大化且自私的。根據此一簡單（但或許不實際）的假設，經濟學者打造出極為古典、但實用性卻有所侷限的數學模型。這些模型一直漂亮地運作著，直到突然間失效。在受到「經濟人」為可預期的信念驅使下，「安隆風暴」（The Smartest People in the Room）[2]的主角們趕在蒸氣壓路機的面前，將銅板一一撿起——好防止它被壓平。

　　而避險基金自爆所引起的震盪、因為多次狂熱伴隨而

2　譯注：2005年在美國上映的紀錄片，內容以撼動整個美國金融圈的安隆案為主題。

來的崩潰、以及愈來愈多關於人類不理性的證據，讓所謂的「經濟人」逐漸讓步給「非理性人」。於是，過去利用市場有效學說來維護群眾集體智慧的客觀、熱情學說擁護者，開始和行為學家齊心協力，記錄下投資者的缺陷。根據我最後一次的統計，心理學家和經濟學家一共找出了117種可混淆理性經濟決策的偏見。而這也意味著我們共有117種不同的方法，可以出錯。

這些流傳在學術象牙塔內的哲學思辨，最大的問題就在於：它們幫不了投資者。對臨床心理學家而言，診斷書儘管必要，但診斷書離治療或治癒還有很長的一段路要走。任何一名每小時收費200美元的心理師，都不會用一大堆病理學名詞來轟炸自己的病人，然後再叫病人離開；然而，這就是當前行為金融學給予投資大眾的印象：過量的病理學用語和屈指可數的解決之道。

讓我們透過一個相當簡單的練習，來測試當我們被告知「不可以去做什麼」（而不是可以做什麼）時，這樣的指示是多麼地徒勞無功。

「請不要去想粉紅色大象。」

當你讀到上面這個句子時，發生了什麼事？在極高的機率下，你偏偏做了我叫你絕對不要做的事，腦海中還浮現了一隻粉紅色大象。真是太令人失望了！我不過是從無限大的選項中扣除一個，而你明明有這麼多事情可以想，卻依舊違反了我那再簡單不過的指令。噢，對耶，我其實還不算是真的給你下了指令。那麼，就讓我們再試一次。

「無論你在做什麼、絕對不要想像一隻撐著小洋傘的紫色大象，踮著腳尖，行走在一條高高懸掛於兩座大都會摩登大廈間的細繩上。」

你還是想了，對吧？

你所做的這件事，不過是人類對想像——或甚至是反覆想像某件事的本能傾向，儘管你知道自己不應該這麼做。現在，請想像一位試圖減肥的人，列了長長一張關於垃圾食物的清單。接著，在他受到誘惑——即便是最微小的誘惑吸引時，他可能會反覆念著自己的警語：「我不會吃餅乾。我不會吃餅乾。我不會吃餅乾。」

但他這段自我鞭撻的反覆警告，帶來什麼樣的實質效果呢？他很有效地讓自己一整天下來，都不斷地「想著餅

乾」，然後非常有可能在一看到OREO夾心餅乾的瞬間就立刻淪陷。研究清楚指出，更有效的作法是設法將行為轉移到自己喜歡的事情上，而不是不斷重複否定自己的訊息，並諷刺地讓邪惡的念頭佔據你心頭最重要的位置。

然而，對投資者來說很不幸的是，截至目前為止，我們看到「千萬不要這麼做」的歷史分析，遠多過於具建設性的「請這麼做」。我的目標就是重新找回平衡，在如何控制自己的行為與金錢上，給予讀者最踏實的建議。

這本書將幫助你遠離「投資者瘟疫」

然而，否定性和自責不僅僅會讓我們遠離自己想要達成的行為；有些時候，它們甚至會徹底斬斷我們的積極主動性。以企業培訓和領導力發展為目標的新創公司「活力睿智訓練中心」（VitalSmarts）的主事者，在他們出版的《拿出你的影響力》一書中，也分享了此一發現。他們提起了泰國國王拉瑪九世（King Rama IX）的故事。拉瑪九世打算在自己六十歲大壽的時候，以歷史性行動來展現自己的慷慨。而他送給了國民們什麼大禮呢？他決定特赦三萬名因犯。

那是1988年，當時泰國的HIV／AIDS帶原者絕大多數都會被送往監獄隔離。因此，在這個性交易猖獗的國度內，貿然將上萬名囚犯送回社會的舉動，很快就帶來了災難性的後果。在三百六十五天之內，特定省份的性工作者之中，有三分之一成為HIV的陽性帶原者。在毫無意外而悲傷的預期下，很快地，已婚男性開始將此種疾病從性交易工作者的身上，轉移到郊區與未能察覺到異樣的伴侶身上。由於泰國境內已有超過一百萬名的人口為受感染者，再加上其中有將近1％為性工作者，該國對於未來的感染率可能會激升成何等之高，充滿了恐懼。

為了解決問題，政府指派魏瓦特醫生（Dr. Wiwat）來領導一項計畫。政府給予他的任務就是（有效地）恐嚇人民。於是，他和團隊成員們製造了效果相當驚悚的恐怖宣傳標語，像是「恐怖的瘟疫就要來了！」但當他們在幾年後開始驗收成效時，卻發現這種「直接威嚇」的手段，事實上產生了負面效果，令問題變得更加嚴重。於是，他們決定採取新的作法。

作為第一步，魏瓦特和團隊成員們精確地找出問題的源頭：在新感染的HIV者之中，有97％是從性工作者身上感染。這項資訊讓魏瓦特將焦點轉移到來源身上——他

必須說服泰國的性工作者，一定要使用保險套。過去被恐懼籠罩的地方，如今改由教育來主控大局。曖昧不明的恐嚇策略，轉變為提供有用的防疫資訊，像是如何取得、使用和棄置避孕用品。

到了1990年的尾聲，根據預測，五百萬名本該感染AIDS的泰國人，沒有感染上此病，而這必須歸功於魏瓦特醫生主張以成果為導向的資訊傳播，來取代散播恐懼。無論我們討論的是粉紅大象或泰國的性工作者，結論都是一樣的：恐懼和羞愧不僅不是激發「良好行為」的理想動機，甚至還會導致反效果。

除此之外，心理學與行為經濟學教授丹·艾瑞利（Dan Ariely）也在《誰說人是理性的》（*Predictably Irrational*）一書中，針對觸發行為的效果，提出了更進一步的證據。他指出，一名女性的數學測驗結果，會視其是否經常被提醒自己是亞洲人（刻板印象上，亞洲人的數學比較好）、還是女人（刻板印象上，女性的數學比較差）而定。如你所預料到的，那些受「自己是亞洲人」此一動機刺激的女性，其表現更勝於那些受「自己為女性」此一動機刺激的人好。

同樣的，史塔曼（Meir Statman）在其出版的《為什

麼你無法致富》（*What Investors Really Want*）一書中，分享了關於社會經濟標籤和消費行為的調查。參與研究的受試者在受到影響並認定自己是窮人時，更有可能將錢花在炫耀性（可向外界宣示自己財富實力）的奢侈品上。在該研究中，研究者透過提醒受試者自己的社會階級方式來操控他們，而被告知自己所屬階級的受試者，也透過自己的行為來反映這些資訊。

在投資世界中，如同眾所周知的，這種心理上的觸發相當危險。因此，當行為金融學不斷強調著那些使投資者陷入絕境的錯誤行為，卻又沒能給予具建設性的替代方案時，只不過是促使投資者重蹈所有人的覆轍，並做出致使情況變得更糟的行為。

投資者並不若「有效市場假說」曾經認為的那樣，是一個自利、追求最大效用的無人機，也絕不是辛普森卡通中近期經常出現的那種傻子。

與其告訴投資者更多「他們可能做錯的事」，投資者真正需要的是實際去了解自己的強項與短處，還有該如何強化前者、弱化後者的務實建議。如同那名睿智的泰國醫生，我希望這本書能確實嚇到你，讓你做出「一定要打起精神來」的決定。同時，這本書會給予你通往正確道路的

指引，好逃開那場蔓延在投資者間的致命錯誤行為瘟疫。

對此，文藝復興時代的哲學家蒙田（Michel de Montaigne）想出更精闢的文字來描述：

我非常感謝米利都（Milesian）的婦人，在看到哲學家泰勒斯（Thales）總是將所有的時間投注在思考宇宙且眼睛總是凝望著天空之後，故意在他行經的路上放了些東西好絆倒他，並警告他：當他的思緒徜徉在雲朵間時，也別忘了看看自己的腳下。確實，她給了他、或她非常好的忠告，與其看著天空，不妨多看看自己。

行為金融學用了大量的時間在沈思宏偉的蒼穹，有時卻惱人地忘記想想腳邊最實際的問題。而我的目標，就是利用學理、歷史趣聞和充份的研究來說服讀者，同時透過務實的角度，協助讀者成為更棒的投資者。

因此，請開始閱讀吧。但切記不要只是紙上談兵，因為這本書所傳授的原則，唯有當你願意將它付諸實踐時，它們才能真正地發揮效用。通往行為投資者的道路上，我們確實需要進行些許的腦力激盪，不過更需要的，是你的心胸和氣度。

第一部分

自主管理10大行為投資金律

如何執行正確的行為，

並為自己賺取因為行為差距所帶來至少4%的獲利？

破解投資者的自我矛盾

你是否曾經見過一隻猴子穿上燕尾服呢？我希望你有，但更有可能的是你根本沒見過，因此請暫時放下手邊這本書，點開你慣用的搜尋引擎。那些滑稽的圖片絕對是忙碌一天下來的最佳解藥。

看過了嗎？感覺好多了吧！

在見證過猴子穿著燕尾服那無與倫比的光彩後，你內心或許經歷了一定程度的矛盾衝擊。首先，你的第一反應可能是捧腹大笑或嘴角微微揚起，但隨著你繼續瀏覽下去後，會開始出現一股輕微的不適反應。儘管一隻猴子穿著正式禮服的模樣確實很好笑，但讓野生動物套上腰帶這件事還是有些不對勁。

穿著禮服的靈長類看上去非常彆扭，而進行股票投資的你在某種程度上，或許也是如此。令人悲傷的矛盾之處就在於：

1. 為了求生存，你必須投資風險性資產。
2. 在投資風險性資產上，你並沒有做好心理建設。

　　首先，讓我們來審視為什麼「不想在遲暮之年吃著貓罐頭」，會成為你必須投資風險性資產的原因。當我在寫這本書的時候，美國所謂的中等年收入約為 2 萬 6,695 美元，而中等家庭年收入則為 5 萬 500 美元。

　　儘管如此，為了讓我們能更明白地闡述，請先假設你比一般美國人聰明四倍，而你的年收入則為令人稱羨的 10 萬美元。讓我們再假設你是反債務大師拉姆西（Dave Ramsey）的忠實追隨者，總是虔誠地將自己年收入的 10% 存入小豬撲滿（唯有當你退休之日來臨時，才會被宰殺的小豬）。假設，你從二十五歲開始進行儲蓄，並預定於六十五歲時退休，你努力克制自己慾望的成果，將帶給你總金額約為 40 萬美元的儲蓄金。

　　儘管 40 萬美元聽起來似乎不少，但對於一個有極高

機率還能活上三十年的退休人士來說，這筆錢根本沒辦法滿足你太多需求。光看今天的數據，平均每年只能花1萬3,333美元的你，就跟活在貧窮線邊緣的人沒兩樣，更別提在這四十年間劇烈成長的通貨膨脹。

如果我們將時間拉回到四十年前，我們將發現1975年的9萬美元，其購買力就跟現在的40萬美元一樣。只需要透過一點點的計算，我們就會知道：儘管40萬美元聽上去不錯，但四十年後的我們如果想要維持和今天一樣的購買力，我們就會需要更多錢，像是150萬美元。

此外，別忘了當前退休的美國夫婦中，花在醫療方面的開銷數字平均為25萬美元，而這還不包括每個月的保險費。即便我們用最小的通貨膨脹幅度來計算，四十年後，光是醫療帳單的金額，就能超越你那高收入、高儲蓄理財模式所累積下來的財富。

儘管你確實可以將以上的假設複雜化，好更貼切地反映多數工作者的實況（多數人剛從大學畢業時，根本賺不到10萬美元；多數人都是隨著工作年資才能獲得升遷；多數人不會將自己10%的年收入存起來），最基本的運算道理依舊為真。如果我們不依賴回報率超越陰險且具腐蝕性通膨的風險性資產投資，就不可能在六十五歲的時候，

成功累積到所需的財富總額。

如同經濟學家墨基爾（Burton Malkiel）所說：「顯然，為了應付即便在相較之下較溫和的通膨，我們也必須使用投資策略來維護自己的實質購買力；否則我們的生活水準注定會不斷下滑。」因此，為了生存，我們必須投資。

但是，請思考前述的問題──我們真的擅長投資嗎？或許卡洛爾（Lewis Carroll）的《愛麗絲夢遊仙境》，是「無厘頭文學」給予我們的最佳範例。正如同我們對無厘頭故事所抱持的期待，故事中的愛麗絲發現自己身處在一個極其弔詭的世界，在那裡，上下顛倒，是非相反，且「無論你選擇哪條路，其實都差不了多少。」而愛麗絲與柴郡貓的對話，充分展現了那本書那異想天開的無限循環：

「我才不想跟瘋子一起，」愛麗絲說道。

「噢，這是無可避免的，」貓說。「我們這兒全都是瘋子，我是瘋子，妳也是瘋子。」

「你怎麼知道我是瘋子？」愛麗絲問。

「妳當然是個瘋子，」貓說，「不然妳就不會到這裡來了。」

就像墜入柴郡貓世界的愛麗絲，許多投資者發現自己身處在一個事事違背日常生活規律的世界。在投資的世界裡，未來比現在更可靠、多做不如少做、且每一位參與者所具備的知識量都超越整體。讓我們透過更詳盡的細節，來檢驗這顛三倒四的世界。

未來，比現在更可靠嗎？

假設我問你：「五分鐘後，你在做什麼？」在極高的機率下，你會帶著極高程度的自信說出答案。畢竟這個問題實際上就像是在問你：「此刻你正在做什麼？」

現在，讓我們將終點線往後挪一點點，將問題設定成「五個禮拜後的你」會在做什麼。明確回答此一問題的難度大幅飆升，但透過行事曆，你或許能稍微推測出那個時候的你，可能會在做什麼。現在，請想像自己必須推測出五個月、五年、甚或五十年後，你正在做什麼。難如登天，對吧？當然囉，因為在我們的日常生活中，當下遠比久遠的未來更容易預測。

讓投資之所以如此複雜的其中一個原因，就是投資世界是完全顛倒過來的。我們不知道今天會發生些什麼、也

不太確定下個禮拜會爆發哪些事件，但對於一年後的回報，倒是有著模模糊糊的概念。而如果談到二十五年後的世界，我們甚至能給出更精準的推測。請參考圖1，思考股票持有時間和股票長期收益的關係。

股票持有時間與回報率分析（1926至1997年）

持有時間	最佳回報率（％）	最差回報率（％）
1 年	+53.9	-43.3
5 年	+23.9	-12.5
10 年	+20.1	-0.9
15 年	+18.2	+0.6
20 年	+16.9	+3.1
25 年	+14.7	+5.9

　　在極短的時間內，回報率幾乎呈現未知狀態。在單單一年內，回報率的範圍落在54％的收益或43％的損失間。但在更能反映長期投資維度的二十五年後，回報率的範圍縮緊了，未來變得更可靠。透過上圖，我們可預知在更長的時間維度下，回報率的波動會介於15％或6％之間。

　　就長期來看，回報率反而較沒那麼嚇人，而這也暗示我們應該追求長期持有股票。對人們來說，這需要根本上

重新思考現實——那些可能不會發生的現實。如同統計學家席佛（Nate Silver）在《精準預測》一書中所說的：

> 在 1950 年代，平均每一檔美國公司的普通股，在它被交易掉之前的持有時間為六年——符合股票為長期投資的概念。到了 2000 年，交易速度大幅成長了近乎十二倍。同一檔股票被持有的時間再也不是六年，而是六個月。而此一趨勢似乎沒有打算消停：每四到五年，股市的交易量又會再翻倍。

直覺告訴我們，「此刻」比未來更可預期，但弔詭的華爾街世界卻告訴我們另一套。如同席佛所指出來的，獲取資訊的能力和科技賦予我們的去中間化效應，導致人類對短期主義的傾向變得愈來愈嚴重。

對於可以抗拒此一傾向的人而言，眼前就擺著一個大好機會；面對愈來愈沒有耐心的大眾，老練的投資者將能因此坐收漁翁之利。如同班・卡爾森在《投資前最重要的事》一書中所說的：「散戶投資者必須知道，無論金融界出現多少的創新，耐心永遠是金融市場上最強大的致富之道。再好的操作都不應該將其重要性置於長期之上。事實

上，散戶投資者勝過專業投資者的其中一點，就是他們可以等待的能力。」

做低於自己預期的事

> 永遠都不要低估什麼事都不做的力量。
>
> ——小熊維尼
>
> 漫畫人物

> 懶惰絕非邪惡的根源，真正的善才是。
>
> ——索倫·齊克果（Søren Kierkegaard）
>
> 神學與哲學家

請想像一個世界：在這個世界裡，讀越少的書可以獲得越多的知識，旅行的次數越少見識就越廣，越不做運動身材就越棒……想當然耳，這個做越少、得到越多的世界和我們一直以來所生活的世界，完全不同，但這就是「弔詭華爾街世界」的運作模式。要想（且必須）知道如何在這個世界中倖存，第一步就是**做少於自己預期的事**。

心理學家用於形容此種不顧高風險而投注大量精力的傾向為「行動偏誤」（action bias）。部分關於行動偏誤的

有趣研究，都是以野蠻的運動——尤其是以足球為研究主體。一群學者檢驗了守門員在必須擋下罰球時所出現的舉動。在觀察了三百一十一次罰球後，他們發現在94％的射門裡，守門員會大幅撲向左邊或右邊。然而，攻擊方射門位置的分佈卻非常平均：三分之一是朝著右邊，三分之一是朝向左邊，三分之一是直直往中間踢去。正因如此，研究發現在攻擊方射門時，停守在球門中間的守門員，有六成的機會能擋下球；遠比衝向左右兩邊的機率來得高。

問題來了：當「懶惰」顯然才是最佳策略時，守門員為什麼還要奮力撲出去呢？如果我們將自己放到守門員的角度來看，答案或許就能呼之欲出（尤其當某些人生活在失敗就等同於死刑的國度裡時）。當比賽輸贏和對國家的忠誠手牽著手時，你會希望自己看上去就像是做出了英雄般的舉動，誰還會去管機率的死活！

你希望全心全意地投入，套句運動場上的俗語——「全力以赴」。留守在中間只會產生衝擊性的「驕傲自大」視覺效果。同樣的，即便研究已經告訴我們多數情況下，這麼做才是最好的策略，認為自己必須保護辛苦錢、同時還想提升回報率的投資者，在滿心焦慮的影響下，無法任憑自己就這麼呆坐著。

與我們在導讀中所提到的幾內亞線蟲研究團隊非常類似，富達投信（Fidelity）設立了一支團隊，專門研究旗下表現最佳帳戶的投資行為，試圖找出優秀投資者的特有模式。而他們發現的事實，或許會讓你吃驚。在他們和表現最佳的帳戶所有者聯繫後，最常發生的對話就是對方根本忘了自己原來還有這個帳戶。至此，找出優秀投資者複雜行為跡象的研究，只能宣告終止！看起來，「健忘」或許是一名投資者最棒的天賦。

　　另一家基金巨頭——先鋒集團，也檢驗了毫無作為帳戶和進出頻繁帳戶的表現，並將兩者進行比較。毫無意外的，他們發現「無作為」帳戶的表現輕易地超越了那些忙得焦頭爛額的帳戶。除此之外，史塔曼引用了一份瑞典研究，指出交易量最頻繁的帳戶每年都會因為交易手續費和差勁的交易時機，損失帳戶內約莫4％的價值。放眼全球，情況皆然：在全球十九個主要股票交易所內，頻繁買賣股票的投資者，一年會落後那些買進並持有投資者1.5個百分點。

　　或許以「行為偏誤所帶來的破壞性效果」為主題的知名研究，能同時讓我們審視交易行為中所存在的性別傾向。行為金融學之父奧登（Terrance Odean）和巴伯（Brad

Barber）在研究了大型折扣券商底下的散戶交易帳戶後，發現了一個極為震驚的結果。

在該研究中，男性的交易量比女性多了45％，其中單身男性的交易量甚至高過單身女性67％。巴伯和奧登將此一過於頻繁的交易行為，歸咎於「過度自信」，但無論其心理根源為何，重點在於這麼做會持續侵蝕我們的回報。交易過度頻繁的下場，導致該研究中的男性，其每年的股票回報率，平均低於女性1.4％。更慘的是，單身男性甚至落後單身女性2.3％──就長期投資所仰賴的複合成長效果而言，這是多麼不利的一個數字啊！

女性投資者表現優於男性的傾向，不僅僅發生在散戶身上。在避險基金的操作上，女性管理者的獲利也總是持續碾壓其他男性同事，而這或許該歸功於我們前述所提到的耐心。如同投資理財網站「Motley Fool」的洛芙頓（LouAnn Lofton）所報導：

……自成立之初就由女性管理的基金，其回報率平均為9.06％，而透過加權指數計算的其他避險基金，其回報率卻只有5.82％。就好像這了不起的差距還不夠嚇人般，該研究團體甚至發現在2008年金融風暴期間，這些由女

性管理者所操持的基金並未像其他基金那樣，受到如此嚴重的衝擊，其基金的價值僅減少了9.61％，與此同時，其他基金的損失卻高達19.03％。[1]

看起來，男孩子真的是太過動了。然而，鮮少有人注意到此一行為偏誤所帶來的昂貴代價。

遠離那些瘋狂群眾

> 每一位看起來通達事理的人，一旦混入群眾之後，就會變得如同傻子般。
>
> ——弗里德里希·席勒（Friedrich von Schiller）
> 哲學與文學家

約莫每個禮拜，我都會因為參加研討會而進行旅行。而在研討會上我最常做的事，就是為金融顧問們解釋行為金融學的入門知識。作為一位經常旅行的商務人士，我想

1　洛芙頓，《向女性學投資：巴菲特的零虧損心法》（*Warren Buffett Invests Like a Girl: And Why You Should, Too*）。

大家都知道當你在移動到一個新的城市時，要決定去哪裡用餐、過夜或看表演，是一件相當令人頭疼的事。儘管許多優秀的飯店會派出他們的禮賓人員來為你解惑，但這些禮賓人員所給予的建議往往也會囿限於一家之見。

在好幾次因為禮賓人員對於食物的要求不如我這般嚴苛（當然，這絕對不是我個人口味的問題）、並將我指引到錯誤的餐廳後，我很快就開始學會如何善用大眾評論的力量。許多如Yelp、Urban Spoon和Rotten Tomatoes的App應用程式，往往能透過大量的評論將飢腸轆轆的民眾或電影愛好者，送到獲得一致好評的餐廳與電影面前。儘管我並不一定會認同個別禮賓人員所具備的品味或當地報紙的評論，但那些獲得大量好評的餐點和電影，卻總是能滿足我的期待。對於那些相當重要的事物（例如食物和電影），大眾的智慧絕對是重要的。

然而，群眾意見的力量不僅僅侷限在找出最好吃的炸肉餅、或決定要不要去看《豬頭，我的車咧》（*Dude, Where's My Car?*）[2]。群眾意見也是多數成功政治體制之所

2　該片在「爛番茄」網站上的評分為18％。

以得以建立的基石。邱吉爾曾說過一句名言：「對民主最好的反駁，就是到街上和選民交談五分鐘。」在選舉期間，這段傷感的評論也經常以各種形式出現在我們面前。那麼，為什麼長久以來，民主會被證實是相當成功的體制呢（或至少稱不上全然失敗）？又為什麼，再次引用邱吉爾之言，會有人說：「民主是最糟的政府型態——除了那些已經被嘗試且證明為錯的形式外？」

答案就在於比起單一個體，群眾往往具有展現出更多智慧、道德、容忍與慈悲的傾向。而其他方案如寡頭政治或獨裁政治等，都因為少數者的力量或弱點而走入滅亡，因而與民主相比，這些屬於風險／回報更高的制度，或許普通的投票者並非絕頂聰明，但平均中的平均往往能打出鎮上最棒的一場賽事。

假使光憑群眾智慧就能幫助我們解決複雜的決策問題，或替我們找到一個不錯的政府，那麼對投資者來說應該也有些甜頭可嚐吧？錯。又一次，「弔詭的華爾街世界」將放諸四海皆準的邏輯徹底扭轉，並要求我們根據另一套假設來操作。該假設指出：聰明且以規則為基礎的個人，其行為能超越群眾的智慧。

為什麼在決定美食與決定投資之間，會存在著這種本

質上的差異？傑出的行為經濟學家塞勒（Richard Thaler）指出了四種阻礙我們、使我們難以做出正確決定的特質。這四項特質分別為：

1. 我們先看到利益，後看到成本。
2. 此類決定並不常發生。
3. 獲得的反饋並非即時。
4. 語言不夠清楚。

在選擇理想的餐點上，我們獲得的語言非常清晰（今晚的特餐是先炸過再淋上濃郁的起司醬），反饋也非常即時（我的老天爺！這未免也太好吃了），且還經常需要執行（一日三餐，不過如果你跟我一樣，可能會再多個幾餐），然後混合了即時與延遲成本（「總共是27美元」或「再吃完三張捲餅後我就應該要停止」）。

我們再反過來思考投資決策，就可以發現這些決策徹底違背塞勒所提出來的四項特質。它們牽涉到在語意上刻意保持的模糊（『市場中性』〔market neutral〕到底是什麼鬼？）、大量延遲的反饋迴圈（如果你夠聰明，此種延遲有可能為時十年），且不太常需要做出這樣的決定（謝謝

某個阿姨留給我的遺產），而獲得的好處或許會延遲到我們根本很難以察覺到它們的益處（三十六歲的我根本無從想像八十歲的自己會如何花這些錢）。

在挑選好餐廳上，群眾智慧之所以能給予我們幫助，是因為這些決定發生的頻率既高，回饋更是即時。反過來看，一項投資決策究竟是聰明還是愚蠢，往往需要經過多年才能驗證，而這也意味著沒有耐心的大眾在這方面或許幫不上什麼忙。

毫無意外地，塞勒教授的研究也指出，在決定何時該進入或離開股票市場的決策上，群眾幾乎都是錯的。群眾往往在能獲得即時快樂、卻可能落得永生痛苦的時刻進場（牛市），並在痛苦雖即時、但可能帶來長久快樂的時候離場（熊市）。在《投資前最重要的事》一書中，班·卡爾森提到一個由美國聯邦準備銀行所進行的研究。該研究調查了 1984 至 2012 年間的資金動向，而結果毫無意外地，「他們發現多數投資者都在賺到大筆錢後，將資金一股腦兒地投進市場，並在損失一大筆錢後，立刻撤回資金——實現了買高、賣低的毀滅性策略。」再一次地，我們發現如果使用日常生活的道理來面對弔詭的華爾街世界，就意味著以廉價的情緒滿足來換取永恆的貧困。

普立茲獎得主戴蒙（Jared Diamond）在《大崩壞》（Collapse）一書中，提到了某個企圖使用許多投資者所抱持的心態來面對弔詭華爾街世界的人——固執地以自己所喜歡的生活態度，套用到完全不相容的體制中。

　　戴蒙也講述了古斯堪地那維亞人（Norse）的故事，描述這個曾經稱霸一方的族群是如何離開位在挪威和冰島的家鄉，移居到格陵蘭。

　　這群並不以溫和聞名的維京人們，肆無忌憚地做了許多事，像是夷平森林、大肆開發土地和建造房屋，還搶奪了農莊裡的牲畜，並使得原本就匱乏的自然資源幾乎耗盡。更慘的是，古斯堪地那維亞人完全不重視當地原住民因紐特人的智慧，認為原住民的耕種與建設方法與自己那更為精緻的歐陸方式相比，未免過於粗野。維京人對於當地人是如何養活自己的方法，不屑一顧，而此舉也招致他們滅絕在那貧脊的土地上，成為狂妄自大的犧牲者。

　　如同佔領格陵蘭的古斯堪地那維亞人，你發現自己必須面對一個充滿奇風異俗的投資世界，其中還不乏令人摸不著頭腦的習慣。在這片土地上，「少就是多」、未來比現在還可預期、同伴的智慧萬萬不可盡信。

　　這是一片孤寂之地，你所需要的是一致性、耐心和自

我否定，而這些恰恰是人類最不具備的特質。但要想繼續過著舒適的日子且將自己的努力翻倍，那麼你就必須馴服這片大地。這裡的規則不多，學起來也不難，但在一開始，應用起來或許不是那麼得心應手。這一切並不容易，但絕對值得你花心力去追求——且事成之後，將永遠成為你能力的一部分。

現在就讓我們繼續前行，好好學習這片土地上的規矩。

▼

校準自己的行為，
才是進場前最重要的事

投資者最大的問題——甚至是他自身最大的敵人，就是自己。

——班傑明‧葛拉漢（Benjamin Graham）
價值投資之父

我總是一再強調，早在科學家發現我們人類的本質之前，哲學家、神學家和作家們就已留下許多精闢的見解。在舊約聖經中，我們可以找到這樣一個問題雖複雜、解決之道卻因為過於簡單而甚至沒有被明確提出來的故事（它也是我將提出「約旦河問題」此一象徵的出處）。

故事的源頭，起於一位名為乃緩（Naaman）的人。他是一名富有的地方首領，也是亞蘭國王（King of Syria）旗下一隻軍隊的元帥。無論就何種角度來看，乃緩都是一個手握大權、受民景仰的人。但只有一個很大的問題——他患有痲瘋病。或許是想幫助主人擺脫令人痛苦的障礙，

一名奴婢建議乃縵可以向撒馬利亞（Samaria）的先知求助，該名先知過去曾施行過奇蹟之術，幫助其他患有此病的人。

認為這個建議百利而無一害的乃縵，駕著馬與戰車，來到先知以利沙（Elisha）的家門外，請求接見。以利沙並沒有親自接見乃縵，反而派了隨從傳話說：「你去約旦河中沐浴七回，你的肉就必復原，而得潔淨。」

對於如此僅有一來一回的應對，我們這個位高權重的主角並不是太滿意。首先，以利沙並沒有遵守慣常的禮儀接待自己，也沒有和自己進行面對面的交談。更過分的是，他還叫自己跳進那條看上去不太美麗的河（請用Google搜尋「約旦河」，你就會看到它有多麼地混濁）。在憤而離去之前，乃縵問道：「難道另外三條更漂亮、離這裡更近的河流不行嗎？」

然而，乃縵的奴婢卻非常有勇氣地靠近了正在大發雷霆的主人，力勸乃縵遵從先知的指示：「我父啊，先知若吩咐你做一件大事，你豈能不做？何況他說你只要沐浴就得以潔淨呢！」在故事的後來，乃縵放下了自己的身段，進行了這看似再簡單不過的沐浴，而他的疾病果然也徹底痊癒了。

現在，許多投資者往往因為如「約旦河問題」這般解決之道過於簡單而視而不見的行為，導致自己陷於困境之中。其實，問題就在你身上。

在考慮哪些因素會影響投資回報時，投資者往往會著迷於各式各樣的理論，唯獨對那真正影響重大的事物——自身行為，視若無睹。許多人成天想像著：如果當初自己在特斯拉汽車、蘋果公司、或任一檔價格一飛沖天的股票進行首次公開募股時，立馬買進，現在的生活會變成怎麼樣？另一些人則想著：如果自己能在美國經濟大衰退發生前，及時離開股市，那會有多好？更常見的幻想，或許是希望自己是波克夏公司初期的投資者，在中西部平民股神的引領下，擁抱富裕人生。

儘管事實明確指出，比起選擇的基金或進出場的時間點，「投資者行為」往往才是創造財富的關鍵，卻沒有人因此幻想著不要恐慌、應該進行定期投資，或將眼光專注在長期上。

儘管這些明智的行為不存在於投資者的美夢中，但這些良好投資的必備條件，也可能是造成毀滅性投資的罪魁禍首。資深投資人安東納奇（Gary Antonacci）引用了美國調查機構DALBAR針對投資者行為所進行的研究，突

顯了在「時間加權」與「現金加權」報酬率之間，兩者所
存在的巨幅差異，也就是我們更常稱之的「行為差距」：

從2013年往回推的三十年中，標準普爾500指數的年
度總報酬率為11.1％，而股票及共同基金投資者的回報率
平均而言僅有3.96％。在這些不理想的表現之中，有1.4％
必須歸咎於共同基金的操作費用。而年回報率之所以還落
後指數6％的原因，則是因為投資者在錯誤的時機點做出
決定所致。[1]

行為差距測量了普遍投資者因為市場狀況而產生情緒
波動時，所必須付出的代價。儘管有些人對於DALBAR
所採用的方法學有所質疑，卻沒有人質疑行為差距的存
在。如同圖2所展示的，對此差距的推估在比例上確實有
些不同（差異約落在每年1.17％至4.33％的範圍間），但
廣泛而言，大家都認同這如同回報率殺手般的影響。

假使共同基金推出了一個每年都能獲利4％的商品，

---

1 安東納奇，《雙動能投資：高報酬低風險策略》（*Dual Momentum Investing: An Innovative Strategy for Higher Returns with Lower Risk*）。

客戶肯定會為了認購這項商品而搶破了頭。可悲的是，行為差距所具備的「約旦河問題」本質，讓我們在面對改變行為（做出較好的決策）就能獲得4％回報率的情況時，卻顯得意興闌珊。

圖2　各家調查機構針對投資者行為差距的預測分析

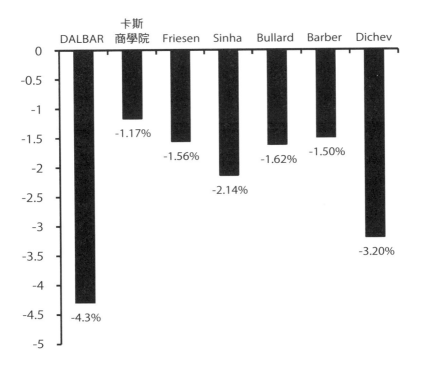

但是沒關係，讓我們先假設你對於我「將行為差距最小化」的呼籲無動於衷，還是希望能想辦法找出最棒的基金。讓我們先暫時承認你做得到這一點（儘管市面上有超過八千檔股票型共同基金）、且你正確投資了在2000至2012年間上升幅度最猛的一檔基金。

在這十年間，CGM Focus（CGMFX）是回報率最高的股票型基金，每年能帶給投資者18.2％的回報率，比起實力最接近的對手更高出了3％。不錯嘛——如果你確實挑中它的話！然而，問題在於投資CGMFX的人當中，自買進開始，其獲得的「總體獲利」平均而言居然是賠了10％。有鑒於基金變化無常的本質及追求回報的傾向，導致大量投資者在獲利基本上都已經反映完畢後，搶著進入，又趕著在賠錢的時候匆忙離開，並無限循環下去。追求回報最大化是一件好事，也是本書相當重要的核心主題，但缺乏自我控制，就什麼都不用談了。

作為此一時機選擇問題的證據，在1999年、也是美國股市正值最高峰的時刻，多數美國人會將自己近乎9％的收入放進401（k）退休福利計畫帳戶中。三年之後，股市價格跌了近33％，401（k）提撥基金的價值卻掉了四分之一。評估廣闊市場的價值並不困難，但根據此一評估採

取適當的行為，卻相當困難。

對於「控制人類行為才是獲取投資成功之基石」的真理，我們無處可逃。沒有任何程度的投資技巧（儘管這門技巧本身也相當難習得），足以彌補因為「壞行為」所造成的無可挽救下場。

在接下來九項關於自我管理的金律中，你將學到如何執行正確的行為，並為自己賺得因為行為差距所帶來的4％獲利。然而，唯有當你徹底認可且理解這些金律之後，這些規則才能成為你的力量。表現出良好投資行為之所以困難，是因為即便投資者非常理解這些事情的重要性，人的本能卻經常使我們做出與之相違背的舉動。因而本書所列舉出來的自我管理規則，其目的就是幫助所有讀者抵抗這樣的誘惑。

在孤立無援的情況下，我們鮮少有人能具備高度自我管理的洞察力或理解力。如果說，良好的行為是投資回報的最佳測量指標，那麼「願意尋求幫助」就是良好行為的測量指標。

行為校準怎麼做？

思考：「無論市場如何改變，我的選擇才是影響最大的。」

問：「與其追求交易回報，在節省、降低開銷和保持耐心上，我還有什麼可以做的？」

做：將定期轉入投資帳戶的金額隨薪資上漲同步調整的過程，設定為自動化。

▼

單打獨鬥行不通，
行為教練是最好的輔佐

我們並非只因自己而生。

———西塞羅（Marcus Tullius Cicero）
古羅馬哲學與政治家

　　在這樣一個交易手續費僅要 7 美元且金額大為壓縮的時代，有些人很快地就將傳統上的諮商關係視為舊時代下的遺留物。許多年前，股票經紀人和投資顧問是我們財務數字的守護者，也是股票報價的看管者。現在，投資者只需要一台 iPhone 和免費的線上股票交易帳戶，就能做到三十年前僅有在華爾街所能享有的獨一無二權利。在這樣的年代下，我們很需要問自己：「真的值得花錢請投資顧問嗎？」而研究結果告訴我們，答案是毫無疑問的：「沒錯！」只不過花錢請顧問的目的，或許和你所想的不一樣。

　　在一篇名為〈一流投資顧問〉（*Advisor's Alpha*）的新

興研究中，對手續費向來非常敏感的先鋒基金內部人士估算，在優秀財務顧問的幫助下，投資者的回報率每年能增加約莫3％。[1] 該研究也很快地指出，這3％的獲利並不是以平順、線性的方式來達成。相反的，和顧問一起投資所達到的好成績是一種「波動的」過程，且在深深的恐懼與貪婪時期裡，其效果的火力往往是最為集中的。這種「顧問價值分佈非均勻」的現象，就是我們即將探討到的第二個真實；善用財務顧問的方法，就是讓對方擔任你的「行為教練」，而不是讓對方管理你的資產。

而更多關於財務顧問效益的證據，則出現在晨星的〈Alpha、Beta和現在的……Gamma〉白皮書中[2]。晨星所謂的「Gamma」，指的是「投資者因為更好的財務決策而獲得的額外回報」，而他們認為與財務顧問一同工作的最大好處，就是提升決策制定。在將Gamma具體量化後，晨星得到1.82％這個數字。這就意味著：在獲得針對改善財務抉擇方面的建議後，投資者每年的獲利可以上升

1　班尼霍夫（Donald Bennyhoff）和基奈利（Francis Kinniry Jr.），〈一流投資顧問〉，Vanguard.com。

2　布蘭切特（David Blanchett）和卡普蘭（Paul Kaplan），〈Alpha、Beta和現在的……Gamma〉，晨星。

1.82％。再一次，我們發現「顧問」不僅值得你花這筆錢，他們還可以提升你的決策制定從而改善你的投資成果。

由怡安集團（Aon Hewitt）和帳戶管理供應商Financial Engines共同執行的研究，也支持了在獲得適當幫助下、能帶來許多好處的觀點。他們最初的研究內容為：調查在2006至2008年間，獲得線上顧問、目標期限基金所給予的指導、帳戶管理等三種幫助形式的客戶，其獲利和只靠自己者的差異。研究結果指出，有獲得幫助的投資者，他們每年的獲利高於未受幫助者1.86％（扣除顧問費用後的淨利）。

為了驗證在經濟狀況特別不穩定時期下，此一研究的準確性，他們又進行了一份同樣是針對接受幫助與不接受幫助者獲利率差異的研究，而這次調查的日期包括了2009和2010年間，市場波動特別大的日子。他們發現，在金融市場不穩定的日子裡，決策制定的幫助效果更為顯著，獲得幫助者的年獲利高於未受幫助者2.92％（扣除顧問費用後的淨利）。如同我一開始所提到的先鋒基金研究，在那些特別難做出理性決策的日子裡，行為教練所帶來的益處簡直是不成比例地高。

現在，我們已經確定了財務方面的協助，能給予我們

每年約莫介於2％至3％間的回報。儘管乍看之下，這個數字似乎微不足道，但對任何一位理解財富累進效果的人而言，他們就能理解這個數字所隱藏的驚人威力。如果財務建議確實具備效果，那麼在時間的推移下，它將能造成巨大的影響。沒錯，這就是研究告訴我們的事實。

在加拿大投資基金協會（IFIC）於2012年發表的〈顧問專家價值報告〉（*Value of Advice Report*）中，他們指出雇請財務顧問的投資者，其堅守長期投資計畫的機率為不僱用財務顧問者的1.5倍。在時間的推移下，因為獲得專家意見而能堅守投資計畫的家庭，與不能堅守投資計畫的家庭，在財富上也出現了巨幅的差異。獲得四至六年財務顧問幫助者，其財富成長了1.58倍。獲得七至十四年幫助者，其財富增長幅度近乎為不接受幫助者的2倍（1.99x），而那些接受財務顧問服務十五年或更久的人，其財富成長甚至達到驚人的2.73倍。好的財務顧問確實能在短期內就讓你看到成效，但其對整個投資生涯所帶來的改變，才是真正叫人驚異的地方。

希望在看到這裡後，你心中對於可靠投資意見對財富所能產生的驚人積累效應，已經沒有任何疑問。但不妨讓我們超越金融上的觀點，進一步審視和財務專家合作，是

否可以為我們帶來長達一生的好處。

畢竟，我們許多人都知道該如何除草、打掃家裡或粉刷房間的牆壁，但我們卻雇用其他人來做這些事。就算我們除草的技巧就跟你雇用來的人沒兩樣，但將任務交給他人，能賦予我們心靈上的平靜，還能讓我們有更多時間和心愛的人相處。研究指出，和顧問合作除了能帶給我們財務上的回報，更能增加我們的自信和安全感，而這些影響的重要程度絕對不亞於金錢。

加拿大的〈顧問專家價值報告〉發現，付錢僱請財務專家的人，他們擁有較高的自信，且往往更確信自己能在退休後過著舒適的生活，可以準備的應急資金也較多。由另一個非營利組織「財務規劃標準委員會」（FPSC）所進行的研究則指出，在花錢雇請財務顧問者之中，有61％的人在面對「我的心情是否安定」此一問題時，給出肯定的答覆，相較之下，「沒有計畫」者的肯定率僅有36％。而在這些有計畫者之中，絕大多數（54％）都有準備所謂的「應急資金」，而沒有計畫者，準備應急資金的比例卻僅有22％。最後一點，51％的擁有計畫者認為自己對於退休生活已經準備好了，而沒能獲得顧問幫助者之中，卻

僅有18%認為自己確實做好準備。[3]

獲得良好的財務建議，不僅能帶給我們財富上的益處，更能增進我們的自信。這些研究明確指出，稱職的財務嚮導能幫助我們取得達成財務目標所需的回報率，更能增進整趟投資旅程的品質。

給財務顧問的10個問題

我們已經知道和財務顧問合作，能讓我們免於落入自己的魔爪。但並非所有的財務顧問都很稱職。在面對你的教練人選時，請詢問對方下列這10個問題，確保自己能和對的人一起合：

1. 你是受託人（fiduciary）嗎？

   作為一名受託人，他在法律上必須置客戶的利益於自己之前。

2. 你該如何阻止「我」成為自己最大的敵人？

   別忘了，「行為教練」才是財務顧問最大的附加價值！

3. 你的收費方式和標準為何？

---

3 〈財務規劃的價值〉（*The Value of Financial Planning*），fpsc.ca。

收費往往比你所想的更具有討價還價的空間，尤其當你是大客戶時。

4. 你有合作對象上的偏好嗎？

某些顧問特別擅長和小型公司、「轉型中女性」，或擁有價值投資基礎偏好的人合作。

5. 你能提供哪些服務？

有些財務顧問只提供資產規劃或投資建議，有些則能提供更廣泛的服務。請確保對方的服務範疇能滿足你的需求。

6. 你擁有哪些學經歷？

請尋找一位資深且經驗豐富、擁有適當證照或研究所學位的顧問。

7. 你的投資哲學是什麼？

能清晰且明確回答出自己投資哲學的顧問，證明他早已深思熟慮過這個問題。而空洞的推銷用語，則是你應該盡快逃離現場的徵兆。

8. 未來我們的溝通頻率為何？

這個問題的答案視你的需求與偏好而定。不過如果對方說一年四次的話，最好還是趕快跟他說謝謝再聯絡。

9. 你能提供什麼特殊的客戶體驗？

畢竟你是花錢買服務，自然應該獲得相應的服務。

10. 你的繼任者計畫為何？

畢竟對方希望你眼光要放長遠，那麼他自己當然也應該如此。

出人意料的附加價值

在上一章裡，我們簡短地講述「約旦河問題」的故事，或許由於解決之道是如此簡單、導致人們時常忽略它。乃縵之所以瞧不起先知所給出的答案，正是因為他認為這個看似拙劣的答案根本不足以應付自己嚴重且複雜的問題。同樣的，許多人在面對身體的病痛時，往往試圖尋求最複雜的解決之道（例如藥物上的），卻忽視了真正具備強大力量且往往更為簡單的行為改變（例如改變飲食習慣、增加運動量或進行冥想等）。

這種尋求複雜性卻忽視簡單性的傾向，長久以來一直在投資界大為盛行，讓許多顧問和客戶忽視了財務專家意見所能帶來的巨大效益。再一次，我們將透過研究來試著確定那些獲得專業財務建議者，所能收得的效益。

先鋒基金的〈一流投資顧問〉研究，在量化因顧問的尋常表現所帶來的投資價值增加上（單位為基點，簡稱bps），就做了相當出色的表現。而他們的研究結果或許會叫你吃驚。財務顧問所能產生的效果分別為下：

- 再平衡——35bps
- 資產配置——0至75 bps
- 行為指導——150 bps

有趣的是，在和許多直接涉及金錢管理的行為相比，行為指導（書本拿穩了）提供了更多的附加價值。根據先鋒基金每年平均增加3％附加價值的前提，意味著有整整一半的功勞，都必須歸功於行為指導，或預防客戶在市場淪陷於恐懼或貪婪時做出愚蠢的決策！更直接地說，一名能掌管你的情緒而不是金錢的行為教練，能為你帶來更多的價值。

晨星的〈Gamma〉研究也同樣顯示出一名顧問的真正價值，以及在尋找合適的專業顧問時，投資者應該注意哪些特質。該研究列出了各種附加價值的來源：

- 資產配置
- 提領計畫
- 稅務效率
- 產品配置
- 基於目標給予建議

　　儘管有些 Gamma 確實可以透過自學的方式來獲得（像是資產配置），但外部顧問所握有的其他資源效力，依舊不容小覷。就像每個人都可以找到一套合適的健身辦法，針對各種資產等級所給予的廣泛投資指南，並不難獲得。

　　但如果握有知識就能有效地誘發適當行為，或許美國現在就不會是已開發國家中，肥胖問題最嚴重的地方，多數人也不會瑟瑟發抖地等著即將爆發的退休危機。具備適當的知識確實是站在出發點上不可不備的先決條件，但擁有一位個人教練以確保我們恪守計畫，則更為重要。

　　那麼，財務顧問能增加價值嗎？

　　研究強烈地表示，可以，無論是在改善方法或增進生活品質上。但只有當我們在挑選適當的財富管理夥伴時，明確知道自己想要些什麼，他們才有辦法為我們帶來價

值。在本能的驅使下，我們往往會被那些複雜而浮誇的市場行銷手段所迷惑，試圖尋找那些臉不紅氣不喘地宣揚著自己握有「神祕知識」的人們。但真正能幫助我們增加財富的夥伴，是那些可以在深厚知識與深厚關聯中取得平衡者。那些當我們在擔心受怕時也願意聆聽他們意見，讓他們拯救我們遠離「自己」魔爪的人；也是那些在面對複雜問題時，可以提出簡單解決之道的人。我想乃縵肯定會同意我的看法。

行為校準怎麼做？

思考：「在一生之中能五度拯救我免於做出錯誤決定的顧問，其價值絕不僅僅於我付給他的顧問費。」

問：「如果顧問最重要的價值在於擔任我的行為教練，在潛在的顧問關係中我可以尋求些什麼？」

做： 找到一位視自己最大任務為協助你做出正確行為的顧問。

駕馭價格波動下的非理性焦慮

當悲觀值上升到最高點時，就是進場的好時機；當樂觀值上升到最高點時，則是脫手的好時機。

——約翰‧坦伯頓爵士（Sir John Templeton）
坦伯頓成長基金創辦者

　　我們可能都聽過哲學家尼采的名言：「但凡殺不死你的，都會使你更強大。」但我們所不知道的，是在他說完這句話不久後便感染梅毒、精神崩潰，最後在淒慘的失序、中風與癱瘓下離世。

　　在這個金融世界裡，用嘴巴講著「如何在他人充滿恐懼時伺機而動」相當容易，但真正做起來又是另外一回事。而這件事之所以如此困難，就在於當我們面對並處理負面情況時，往往會做出非常奇怪的行為。

　　為了驗證此一事實，讓我們進行一場快速的思維實驗。請假設你度過了一個愉快但有些平淡的一天。我希望

你用30到60秒的時間，思考你可以如何讓今天更好，並將其寫下來。現在，我想要你思考一下，「怎麼做能讓今天更糟？」請用30至60秒的時間，想想發生哪些事會真的毀掉這一天。現在，將兩張表進行對比——哪張表更長？哪張表的內容更生動？哪張表更實際？

如果你跟多數人一樣，那麼你或許輕輕鬆鬆地就能想出一堆大災難來毀了這一天，相較之下，讓這天更完美的事情反而沒那麼多。想像最壞的情況並記住那些負面事件，是我們人類與生俱來的本能，好讓我們避開未來可能的災禍。兜售各種商品的商人們（包括財經新聞的高層），非常清楚我們這種喜歡設想各種災難的傾向。如同財經作家莫瑞（Nick Murray）所說的：「在這個世界上，每一天的某個地方都發生著某場災難。就算在很罕見的情況下真的度過了風平浪靜的一天，新聞也總會創造出一個，並將其視作世界毀滅的開端，二十四小時強力播送。」

作為一名聰明的投資者，要想確保自己遠離奸商們興風作浪的危害，就必須理解三件事：對終生的投資而言，市場調整和熊市都是必經過程，它們意味著長期性的購買時機，而我們必須透過系統性的準備，牢牢地把握這些市場調整時期。

所謂的「市場調整」（correction），其定義為股價下滑10％，而熊市則意味著股價下滑20％。這兩個定義是非常武斷的，但由於這個現象備受關注且足以影響投資者的行為，因此值得我們注意。

　　在1990至2013年間，美國股市共出現了一百二十三次的市場調整──平均一年一次！而意味著更巨大損失的熊市，發生的頻率則稍為沒那麼頻繁，平均三年半出現一次。儘管媒體總是用著如同世界末日般的態度談論著10％或20％的市場損失，但它們其實就如同春天的百花般，尋常綻放，對於市場能透過長期來累積驚人財富的事實，也未能產生絲毫影響。

　　光是想像在超過一百多年的時間維度裡，我們可以遇上雙位數的年回報率，也可以遇上雙位數的賠錢率，是多麼驚人的一件事。而事情就是如此，請跟著我唸一遍：「熊市是經濟循環最自然的一部分，而我這一生中預期會經歷十至十二次。」

　　圖3紀錄了自1929年以來的每一次美國熊市，以及持續的月數和從最高點跌至最低點的幅度。

圖3 1929 年以來的美國熊市分析

調整	事件	市場 最高點	高峰至 谷底（%）	持續 月數
1929 年 華爾街股災	過度槓桿；非理性繁榮	1929 年 9 月	-86	33
1937 年 聯準會緊縮	不成熟的緊縮性政策	1937 年 3 月	-60	63
二戰後崩潰	戰後復員；衰退恐懼	1946 年 5 月	-30	37
1962 年 閃電崩盤	閃電崩盤；古巴飛彈危 機爆發	1961 年 12 月	-28	7
1970 年 科技股崩盤	經濟過熱；國內動盪	1968 年 11 月	-36	18
停滯性通貨膨脹	OPEC 石油禁運	1973 年 1 月	-48	21
聯準會主席沃克 緊縮貨幣政策	瞄準通膨	1980 年 11 月	-27	21
1987 年 黑色星期一	程式交易；市場過熱	1987 年 8 月	-34	3
網際網路泡沫	估值過於極端；.com 理論衰退	2000 年 3 月	-49	31
全球金融危機	槓桿／房貸；雷曼兄弟 倒閉引發海嘯	2007 年 10 月	-57	17
		平均	-45	25

在恐懼心態的放大下，我們過分評估熊市所帶來的財富毀滅效力。而我們對市場的主觀意識卻正好與此點相反，使這件事變得更難；市場最嚇人的時刻，也意味著最安全的時刻。如同投資大師巴菲特所說：「那些因為手中持股價格出現不合理下跌而膽戰心驚或過分擔憂者，正倔強地將自己的基本優勢轉變成基本劣勢。」在掌控這種非理性憂慮方面，我們唯一的希望就是透過系統性的程序來投資，以及看破局勢的意志——而後者或許更為重要。

多數成人平均每八個小時中，就會有一小時用於思忖未來。這意味著在你每天清醒的時刻裡，有兩個小時會用來思考「明天的事」。不幸的是，由於焦慮往往比平靜更容易附著在我們的腦海中（還記得你幻想的超級巨災嗎），因此在這兩個小時中，我們多數時候都是想著明天是否會順利。而這些擔憂往往都沒能意識到，市場出現的波動實際上正預示著可能的大豐收。

我們可以用一個違反直覺的事實為例：高失業率往往能帶來亮眼的股市成績。我們還可以用班·卡爾森的發現為例：「當市場在從『不錯』進展到『超棒』的時候，往往不是它表現最亮眼的時候。事實上，當市場從『超級恐怖』進入到『沒有之前那麼恐怖』的狀況時，才是表現最

出色的時候。」

在墨基爾和艾利斯（Charlie Ellis）合著的《投資的奧義》（*The Elements of Investing*）一書中，就提到該如何在股市波動中站穩腳步，關於這一點，父母們（和前青少年們）肯定很有心得：「投資就像是撫養小屁孩——看著他們一路上如何『有趣地』成長為健全的大人。有經驗的父母知道將眼光放長遠，而不要死盯著日常的爭吵。」

你曾經想過為什麼自己沒辦法搔自己癢嗎？原因就在於，當你想要伸手搔自己癢之前，你的大腦必須先思考到：「嘿，我應該搔自己癢。」當你真的試圖進行這個動作時，你的身體已經預料到這個發展，因此這個效果遠比伴侶試圖搔你癢時來得弱。

同樣的，如果我們能對市場的波動性，擁有合理的假設，就能發揮相似的效果：預期緩和了影響。如果你輕信媒體炒作的「天就要塌下來了」，你將蒙受財務與行為的雙層損失。相較之下，如果你可以視「市場調整」為再自然不過的現象以及潛藏了最棒的機會，你就能善用他人的恐慌來換取獲利。

行為校準怎麼做？

思考：「熊市、衰退和特別不穩定的情況，是我為了獲得超高回報所必須付出的心理代價。」

問：「讓他人陷入恐慌的事件，是否為我提供獲利的好機會？」

做：列出一張優質但價格過高的夢想股清單，並趁著股市波動致使其價格更具吸引力時買入。

情緒會瞬間遮蔽你的交易常識

如果投資這件事超級有趣、如果你玩得很開心,那麼你或許賺
不到什麼錢。好的投資總是無趣的。

──喬治·索羅斯(George Soros)
量子基金創辦人

當我在研討會上講述「風險評估」這個題目時,我往
往會要求參與者寫出幾個唸起來就像是「dahy」(d-ai)的
英文字。現在,請你也花一點點的時間,寫出發音相同的
英文單字,但毋需過分鑽牛角尖。

在聽到這個音之後,我們顯然會立刻聯想到兩個英文
單字:「dye」(染)或「die」(死)。而你腦中第一個浮現
的字,或許跟你當前的心情有關。由於情緒會影響記憶的
檢索,因此那些一整天都很順利的人,或許比較不會想到
跟危險有關的單字;與此同時,一整天都很不順遂的人,
腦中可能連「死亡」都冒了出來。

然而,情緒對思維的影響,不僅僅侷限在檢索上。情

緒同樣也會影響我們對過去的記憶，以及對未來的想法。問問那些今天過得相當痛苦的人（那些寫下『die』的人，我就是在說你們），讓他們說說自己小時候的事，他們非常有可能會提到自己小時候是多麼地過胖、長滿痘痘、在踢足壘球進行分組時總是最後一個被選到。相反的，問問那些今天過得無比順遂的人，他們可能會興高采烈地跟你分享一個關於南塔克特（Nantucket）的夏日回憶或「太妃冰淇淋」（Tastee Freez）的三種醬料冰淇淋。

我們經常將自己的頭腦比喻成電腦——它就像是一種無主觀意識的儲存裝置，能客觀地安放並讀取各種資訊。然而現實上，比起超級電腦，我們的頭腦更像是「酒後眼裡出西施」（beer googles）的系統。而這也意味著身為一位聰明的投資者，肯定會試著避免讓自己的情緒，綁架自己對現實的理解。機構投資專家班・卡爾森說得更直白：「在我們的一生中，有許多情況我們應該讓情緒佔上風——在結婚的日子裡、或孩子出世的那一刻，你應該要滿心感動。然而，情緒也是良好投資決策的敵人。為了達到效果，請容我再次強調——情緒是良好投資決策的敵人。」

一份由社會心理學家勒納（Jennifer Lerner）和同事

一起進行的研究，將影響我們評估風險和支付意願的情緒因子，轉化成數值。勒納和研究團隊將所有受試者分成兩組——悲傷組和無感覺組。首先，「悲傷組」會欣賞一小段電影《赤子情》（*The Champ*）的情節，內容是關於年輕男孩的心靈導師過世片段。接著，為了強化該組成員所感受到的悲傷，他們被要求寫下這段涉及死亡的影片，是如何影響他們的情緒。

另一方面，「無感覺組」則欣賞了一段魚的影片，接著被要求寫下自己日常的活動。在兩組人都看完影片後，他們被告知自己還要進行另外一場毫無關係的研究。在研究中，部分參與者被要求替自己必須負責販售的螢光筆，訂定售價，而其他人則被要求給出一個他們願意付費購買螢光筆的價格。

該研究結果證實了我們可能都猜想到的答案：在願意購買與賣出的價格上，情緒發揮了極大的影響力。處於悲傷情況下的參與者，其願意購買螢光筆的價格，比無感情組的參與者多了30％。因為悲傷導致他們多付錢的方式，正如同在進行購物療法後，我們才突然意識到自己浪費了些什麼。處於悲傷情緒的賣家，也顯示了情緒所帶來的傷害——與無情緒者相比，他們的售價低了33％左右。

「多付一點錢來買一支筆」，或許不會讓我們置身於危險之中，但如果我們用同樣的態度來處理自己的財務，其後果將會非常嚴重。情緒化的投資者會因為一時的興奮，用過高的價格買進股票，又因為出於絕望，在過低的價格下將股票賣出。看起來，早在行為金融學誕生以前，財經作家白浩芝（Walter Bagehot）就已經嗅出些許端倪，他說：「快樂的人們是最容易上當的人們。」

激情，如何無聲摧毀你的原則？

為了進一步審視情緒對風險評估所造成的影響，讓我們來欣賞慈祥的行為經濟學家艾瑞利的研究。在《誰說人是理性的！》一書中，艾瑞利描述了某些由他本人和同事所做出來的——呃，極具刺激性的研究。艾瑞利用十九個問題，去詢問一群學生的性偏好，其中包括了他們是否喜歡從事「奇怪」的性行為，或背著伴侶偷情、進行安全性行為且尊重性伴侶等。

一開始，他們先以一種「冰冷」、讓對方無論是在情緒或性慾上都不太受到撩撥的態度，來詢問學生這些問題。如你所預料到的，在此冰冷情境下所得到的學生意

見，都是偏向於擁護安全、尊重對方意願的合意性行為，且必須基於一段穩定的感情關係。

接著，為了在活動中植入「情感」此一因素，艾瑞利和研究團隊向參與者展示了可以撩撥性慾和情緒的色情圖像。在情慾被挑起後，參與者對這十九項問題的答案，有了顯著的改變。參與者背著伴侶偷吃的機率增加了136％，進行特殊性行為的機率增加了72％，進行不安全性行為的意願增加了25％。因此，艾瑞利如此總結：「預防、保護、保守和道德約束徹底消失在雷達中。參與者完全沒有預料到激情能對他們造成多大的影響。」

該研究可怕的本質或許會讓我們深信，這種意亂情迷只會發生在性慾的陰影下，但這種假設是錯的。如同艾瑞利在註解中所說的：「……同理，我們可以假設其他情緒狀態（憤怒、飢餓、興奮、嫉妒等）也能發揮同樣的效果，讓我們成為自己最不熟悉的陌生人。」

參與實驗的學生們都很清楚規則——必須使用保險套且不可以背著伴侶偷吃，但在意亂情迷的情況下，他們什麼也顧不得了。我們也是如此，我們知道正確投資的規則，但在恐懼與貪婪的作祟下，規則會被我們拋之腦後。心理學家兼交易行為教練史丁巴格（Brett Steebarger）說

的好：「……對於交易而言，情緒的影響就是打亂規則至上的情況……儘管如此，在深受情緒影響的情況下，他們（交易者）的注意完全轉移到自己身上，導致他們忽視自己的原則。絕大多數時候，他們並不是因為在出於情感的影響下，懷疑自己的規則；他們只是徹底忘記罷了。」無論智商是多麼地高，情緒都能讓投資者本人和原則認不出來自己是誰。

快速掌管情緒的 10 個祕訣

情緒會影響我們對所有事情的看法，包括時間、風險和適當的價格。我們可透過下列 10 點實用的方法，來確保情緒沒有失控：

1. 劇烈運動。
2. 重新定義問題。
3. 限制攝取的咖啡因和酒精。
4. 和朋友聊一聊。
5. 不要立刻行動。
6. 轉移自己的注意力。
7. 將自己的情緒貼上標籤。

8. 寫下自己的想法和感受。

9. 挑戰毀滅性的悲觀思維。

10. 盡可能控制住所有思路。

市場上永遠不缺好故事

面對股票，有許多理由值得我們興奮。或許是你本人正在使用該公司的服務或產品，抑或是你在某個派對上無意中聽到朋友推薦的一檔股票，或者你想成為下一家成功企業的早期投資者。無論讓你興奮的理由為何，總之都是包裝在某些更豐富的描述之內，而該故事的尾聲往往會是如此：「……她變得超級無敵富有，然後過著幸福快樂的日子。」故事繞過了道理，躲開了大腦和理智，直奔心臟。正因為這個原因，讓「故事」成為行為投資者的敵人。

請試想：你願意為一隻有著1980年代風格、縫滿亮片且只有單隻的手套付多少錢？我想大概不多。現在，如果我告訴你這隻手套曾經被麥克‧傑克森使用過，現在你願意出多少錢？這個故事徹底改變了你對這隻手套的觀感。這對購買1980年代流行歌手貼身物品的事情來說，

並不危險，但對買股票來說可就危險了。

　　作家沃克（Rob Walker）和格倫（Joshua Glenn）深知故事的力量，因此創造了一個被他們稱之為「特殊物品計畫」（The Significant Objects Project）的類社會學實驗。該實驗的目的是要檢驗他們的假設：「故事能讓不特殊的事物變得特殊。」沃克和格倫買下了一百件具備車庫拍賣品質的商品，再請自己的作家好友們，幫這些物品捏造出獨一無二的故事。整體而言，這些一共花了他們130美元的破銅爛鐵們，最後以超過3,600美元的價格，在eBay上賣出。是的，正是故事的力量，讓eBay上的買家願意以52美元的代價，買下一個使用過的烤箱隔熱手套。

　　其中，投資世界的首次公開募股（IPO），往往也能讓我們充分看見故事的威力。IPO自然是新的，且經常是著重創新與成長中的產業，而這些公司往往會挑股市正熱的時候上市。故事的力量、情緒和害怕錯過的心情加總後，讓IPO在專業投資者或散戶眼中，總是特別誘人。那麼，興奮之情帶給投資大眾什麼影響呢？

　　根據柯利亞堤（Giordano Cogliati）、佩利亞瑞（Stefano Paleari）和維茲瑪拉（Silvio Vismara）所發表的研究〈IPO定價：定價隱藏的成長率〉（*IPO Pricing:*

Growth Rates Implied in Offer Prices），在美國進行IPO的
股票裡，平均而言在其發行的前三年內，它們每年的表現
往往低於市場指標21％。儘管表現得如此差強人意，沒
有任何理由能讓我們假設未來大眾對於IPO的需求會漸漸
衰退。畢竟總會有新的故事出現。

　　情緒投資造成的惡果非常多，但最主要的傷害或許在
於它截斷了我們對投資的時間規劃。對一項投資計畫的長
期投注，是基於理智所做出來的決定，但情緒告訴我們，
「我現在就想要。」四名普林斯頓大學的心理學家，藉由
掃描受試者的大腦，為我們帶來決定性的證據。參與這個
研究的受試者必須思考兩個選項：立刻獲得價值15美元
的Amazon禮券，或在兩個禮拜後拿到20美元的Amazon
禮券。研究結果顯示：

　　……**立刻**！獲得15美元禮券的可能性，導致受試學
生大腦的邊緣區（Limbic areas）——主要用於處理我們的
情緒與形成記憶的大腦整體結構，接收到了不尋常的刺
激。而心理學家發現，當學生對某件事表現出來的興奮之
情越高，就越有可能選擇立即性的回報，但如果滿意度沒

那麼高，他們就會轉往另一個選項。[1]

　　確實，興奮的投資者是最沒有耐心的投資者，而沒有耐心的投資者將是破產的投資者。

　　在生活中的各種層面上，情緒都扮演了極為重要的角色，且應該經過我們的深思熟慮。情緒讓我們得以對所愛之人感同身受，讓我們做出正確的事，還可以帶著我們通往人生中最幸福的一刻。然而，在制定投資決策時，必須徹底清除情緒因子的事實，而這又是真實人生與弔詭華爾街世界的另一個巨大差異。所以，請盡情開懷大笑、大哭、感受愛或生氣——但千萬別在交易時這麼做。

1　林斯壯（Martin Lindstrom），《買我！從大腦科學看花錢購物的真相與假象》（*Buyology: Truth and Lies About Why We Buy*）。

行為校準怎麼做？

思考：「情緒讓我遠離常識。」

問：「這個決定是出自於恐懼或貪婪嗎？」

做：從你的長期投資之中，設立出一個金額不大的交易
帳戶（金額可約略等於你個人總資產的3％），供你
進行實驗或彌補。

▼

傻瓜！市場上的你真的不特別

你並不特別。你不是什麼美麗或獨一無二的雪花。你就跟所有
事物一樣，只是腐爛有機質的一部分。

——恰克·帕拉尼克（Chuck Palahniuk）
電影《鬥陣俱樂部》

歐文·亞隆（Irvin Yalom）醫師曾這麼說道：

我不喜歡和正在熱戀的病人合作。或許是出自於自己
的嫉妒——我也想要墜入愛河。或許是因為愛情跟心理治
療在本質上，是完全不相容的。好的治療師希望能戰勝黑
暗，找出光明，而浪漫的戀愛卻是由神祕所餵養，並在檢
驗下幻滅。我痛恨擔任愛情的劊子手。

亞隆是史丹佛大學的教授，也是過去五十年中（這個
數字或許有些保守）最棒的心理學出版品作家。儘管亞隆
上述的發言是針對在治療中遇到羅曼蒂克愛戀的難為之

處，但在我的眼中，這段話也完全適用在資本市場上。就如同好的治療是企圖為個人找出光明的道路，而好的投資則是關於我們該如何「克服自己並不特別」的過程，避免因為虛無縹緲的「這規則套在我身上不管用」思維，而忽視以機率為根基的辦法。

認為自己無異於常人的投資者，往往較依賴規則和系統——哪些有效，他們就做，然後等著收割。那些想要證明自己比其他人強的投資者，只喜歡強調那些符合自己想法的規則，再為自己的傲慢，付出慘痛的代價。如同亞隆必須扮演「愛情的劊子手」，催化客戶對內在的自省，我們也必須無情地處決「自我」，以獲得優異的投資成果。如同投資家兼作家歐沙那希（James P. O'Shaughnessy）所說的：「投資成功的關鍵就在於承認自己跟其他人一樣，容易受嚴重的行為偏誤所影響。」

我們易受驕傲影響的傾向，就根植在少數幾個已有大量研究可證實的認知偏誤上，包括了相信自己比常人更傑出的過度自信偏誤，還有願意承認成功卻把失敗推開的本能（也被稱之為「基本歸因謬誤」）。策略專家蒙蒂爾指出，「95％的人認為自己比其他人擁有更好的幽默感。」畢德士（Thomas Peters）和華特曼（Robert Waterman）在合著

的《追求卓越》（*In Search of Excellence*）一書中，發現參與調查的男性之中，100％的人認為自己擁有高於其他人的人際關係，還有94％的人認為自己的運動神經在平均水準之上。

如果考慮到全球人口對數學熟稔度的情況，美國高中生的水準正好落在不偏不倚的中間位置。然而，當這些學生被問到自己的數學程度位在哪種程度之上時，他們往往認為自己領先全球。如同CNBC頻道的布朗（Josh Brown）對這篇研究所發表的看法：「儘管在自信方面或許還有許多需要探討的，但平庸的數學程度加上過度自信，或許就是如今投資世界之所以出了這麼多問題的原因。」認為自己不同於常人的想法，導致我們忽視潛在的危險，面對股市時過度集中自己的火力，偏離自己熟悉的領域。對弔詭的華爾街世界來說，「承認自己的平凡」是通往出色投資之路的必要條件。

如果問題的嚴重性只侷限在男性對於自己生理條件的錯誤假定上，那影響或許還不至於太嚴重。然而，無論是投資老手或新手，往往也能見到此種危險的過度自信。行為金融專家史塔曼在《為什麼你無法致富》中寫道：

2000 年 2 月在股市最高點的時候，接受蓋洛普（Gallup）機構調查的散戶投資者皆表示，平均而言，在未來的十二個月內，他們預期股市能帶來13.3％的回報。但多數受訪者也認為，自己的回報率將落在15.5％……與美國散戶投資人協會（AAII）成員所獲得的實際回報率相比，這些人平均高估了自己的回報率3.4％。此外，在與平均大眾投資者的回報率相比，他們也高估了自己的回報率5.1％。

　　如同史塔曼所指出的，無論是在絕對或相對的基礎上，都能見到投資者過度自信的情況。還記得在2000年的時候，無論就何種角度而言，美國股市都邁入了史上最高點。希望透過那已經高如天文數字的價值之中，獲得1.5倍的回報，就是過度自信的最佳展現，在沿途擊敗所有同輩投資者，則是每一位投資者最令人開心的美夢。

　　回到稍早所引用的數據，蒙蒂爾指出來的基本歸因謬誤，正是導致我們過早評斷外在條件並進而給予自己肯定的原因，而在給予他人同樣的認同上，卻明顯較慢。相較之下，我們認為別人的失敗是肯定且自然而然的。放在早晨通勤的路上，這就像是對著其他人怒吼：「你是怎麼開

車的！」儘管你認為自己開得這麼不順只是因為喝了第二杯咖啡而已。或者當你用刻薄的態度對待他人時，你會說那是因為你今天過得太不順了；但每當別人對你刻薄時，你就認為他們是打從心底的壞。

這種將功勞歸於自己、錯誤推給別人的傾向，讓我們將所有的投資成功視為個人技巧，導致我們無法從機會中學習，也無法理解歷史的意義。當你的股票上漲時，你認為自己真的是太棒了。當你的股票下跌時，你認為是大環境不好的關係。然而，這樣一來你什麼都沒學到。當人們問傳奇投資家格蘭瑟姆（Jeremy Grantham），投資者可以從經濟大衰退中學到些什麼時，他說：「就短期來看，有很多。就中長期來看，有一些。就長期來看，什麼都沒有。歷史早有先例。」能拯救我們免於自己毒手、並懂得從歷史中學習的自我反省能力，其最大的敵人就是傲慢。

被投資人低估的不利條件

巴菲特的投資第一守則，就是「不要輸錢」，而他的第二守則就是「絕對不要忘了第一守則」。聰明的投資者在經歷了多年的投資後，往往得以明白：儘管進攻能讓我

們成為英雄，但防禦才是致勝之道。因此，基本歸因謬誤所造成的最大危害，並不在於讓我們因為獲得的利益而驕傲自滿，而在於使我們低估不利條件的影響。深信自己不同於常人的態度，容易讓我們輕忽負面機率；而這是投資決策制定上，必然招致災禍的一步。

庫克學院（Cook College）曾進行了一項研究，在該研究中，人們被要求評估某些正面事件（例如贏得樂透或結婚）和負面事件（例如死於癌症或離婚）的發生機率。而這項研究的結果並不令人詫異：參與者對正面事件的預測，高估了15％，對負面事件的預測卻低了20％。

無獨有偶的，心理學家列齊（Heather Lench）和狄托（Peter Ditto）也進行了一項調查，他們向受試者展示了六件正面與六件負面的人生大事，以及大眾遇到這些事的機率。參與者同意六件正面的人生大事之中，有4.75件可能會影響到自己，但僅有2.4件的負面事件，會對他們造成影響。而他們的回答完全忽視了這些事件發生的實際機率。

這些研究告訴我們，人往往會將好事往自己身上攬，卻忽視壞事發生的可能。我可能會贏得樂透，而他才會死於癌症。我們或許可以從此活得幸福快樂，而他們可能會

勞雁分飛。在選擇股票上，別人才需要遵守規則，而我只需要有勇氣。我們知道壞事確實會發生，但為了讓自己能過得開心點，我們傾向於將那些壞事視為不真實的存在。

而這種「自己最特別」思維對風險管理的危害，是很顯而易見的：當我們抱持著「我就是獨一無二的雪花」心態，去做決定時，我們很有可能會輕忽潛在的危險。簡單來說，如果我們以為好事「都是我的」、只有其他傻子才會輸錢時，我們勢必會做出蠢事。

一如既往地，經濟學家高伯瑞（J.K. Galbraith）對此有更好的描述：「傻瓜，如同人們長久以來所說的，他們或遲或緩總會和自己的財產永久分開。因此，唉，就是那些為著自己的金融敏銳度所癡迷的人們，亦即那些多數時候都抱持樂觀態度的人。這也是為什麼數世紀以來情況就是如此；而無論多久以後的未來，也依舊會如此。」[1]

在古羅馬時代，打了勝仗的將軍總會在街上遊行，接受民眾的喝采和歡呼，就如同現今我們在研討會上或二十四小時無休的商業網路中，為資產管理界的巨星死命

---

[1]　高伯瑞，《金融狂熱簡史》。

鼓掌般。然而，古羅馬的英雄比當代華爾街戰士們還擁有一個優勢：有一個行為干涉機制，可以防止那些勝利者因為致命的驕傲偏誤而鑄下大錯——在那位凱旋歸來的將軍身後、同一輛戰車之上，會站著一位奴隸，目的就是用死亡來提醒將軍，絕對不要萌生那種足以招致毀滅的驕傲。「Memento mori」，奴隸悄聲地唸著這句拉丁語，意思是「勿忘你終有一死」。羅馬人用這個特殊的機制來提醒勝利者——即便此刻的他正意氣風發，但在未來的某一天，他也免不了會走到運氣的盡頭。

炫耀自己的投資績效並以此作為勝利勳章，是人之常情。但即便在慶祝的時刻，我們也應該仿效羅馬人的態度，用最冷酷的事實——自身的不完美與世事的無常，來澆醒自己。「Respice post te! Hominem teesse memento!」奴隸又說了，「看看你身後，別忘了你也是人類。」

行為校準怎麼做？

思考：「與其他市場參與者相比，我並沒有比較聰明或更懂得自我控制。」

問：「如果這真是一個如此棒的投資機會，他們為什麼要說出來？」

做：依循顧問的意見和你所擬定的財務計畫，而不是基於個人的優越性做決定。

▼

根據真實的需求，
而非以指數來評估績效

所謂的有錢男子，就是他賺到的錢比姊夫賺到的多了100元。

——孟肯（H. L. Mencken）
記者與文化評論家

我們如何不自主地接受暗示？

哈—。

哈—啊。

哈——啊。

讀到這裡，你是否也跟著打起哈欠了呢？在寫這段話
的時候，我至少克制了自己三次，才沒打出哈欠。這是怎
麼回事？這種終極暗示的答案，就藏在科學家稱之為「鏡
像神經元」（mirror neurons）的原理中——在執行某個動

作並觀察到同一個動作被執行時所觸發的神經元。

最初發現鏡像神經元的是一個充滿倦意、在某種程度上有點被人遺忘的實驗室。這個位在義大利帕瑪市的實驗室，科學家為了理解大腦是如何組織動作，努力研究著獼猴的大腦。如同行銷大師林斯壯所解釋的，科學家們很快就發現了某些違反他們對大腦運作假設的現象，「他們發現獼猴腦中的前運動神經元，不只有在猴子伸手去抓堅果的時候會亮起來，在看到其他猴子去拿堅果時，也同樣會亮起。」無論這個動作是猴子自己做的、還是觀察到其他同伴去做的，其對大腦的影響都可清楚觀測。

在某個悶熱的午後，該團隊中一名研究所學生手上握著冰淇淋甜筒回到實驗室裡，而他們觀察到一個非常奇怪的現象。其中一隻還沒有摘下偵測裝置的猴子，開始貪婪地盯著沁涼的甜品。當這名研究生站近籠子、並舔了一口冰淇淋後，獼猴的前運動區在螢幕上亮了起來。「牠並沒有伸手或想要舔一口冰淇淋；牠甚至什麼東西都沒有拿。但光是看到研究生將冰淇淋放到自己的嘴巴裡，猴子的大腦立刻在精神上仿效了這個動作。」

1　林斯壯，《買我！從大腦科學看花錢購物的真相與假象》。

投資，是一個人的派對

　　鏡像神經元解釋了我們為什麼在看到悲傷的電影時會哭泣、看到某人吃著噁心的東西時會感到反胃，或在看到某個對著湖邊小屋中毫無防備的大學生們揮舞著電鋸的鄉巴佬時，會忍不住閉上眼睛。鏡像神經元也是為什麼「開箱」影片會誕生的原因。看著別人拆開新遊戲主機或昂貴玩具的包裝，就跟我們親自拆開一樣有意思。為了徹底應用所學，下一次在孩子的生日派對上，你可以讓他看一段關於其他孩子拆開禮物的影片，並告訴他們克羅斯比博士說這兩件事其實差不了多少！

　　社群模仿的力量，自然可以運用在好的事物上。舉例來說，我們可能會跟著一位失去至親的朋友一起痛哭，儘管我們從未見過亡者。但這個機制是否能用於操弄我們的行為？請想想那些可怕的罐頭笑聲。我敢打賭，如果我們針對上千名閱讀本書的讀者進行調查，絕對不會有任何一個人認同下列這句話：「我超喜歡罐頭笑聲！」罐頭笑聲是如此老套、討厭且突兀，且那個笑聲本身聽起來非常不真實。

　　如果大家都不喜歡罐頭笑聲，好萊塢製作人又為什麼

要持續使用它們呢？這些製作人或許懂得某些我們所不懂的道理——無論罐頭笑聲是多麼地惱人，卻能提供觀眾寶貴的互動線索。許多研究都發現，背景笑聲能讓觀眾笑得更久、更兇，並給予更高的觀賞體驗評鑑。事實上，研究也證明了對於那些實際上很難笑的笑話來說，背景笑聲的效果尤其出色！我們下意識會做跟別人一樣的事，即便那些人只存在於音效檔案中。

社群模仿的現象無所不在。乞丐往往會在乞討前，往自己的碗裡放些錢，以展示施捨是一個適當的行為，而且別人會認定那些行乞者值得拿到這些施捨。儘管杯子裡沒有半文錢的乞丐更值得獲得施捨，但與杯子裡已經有3美元的乞丐相比，他們獲得施捨的機率更低。

消除孩子內心恐懼的最有效辦法，就是讓孩子去觀察其他孩子進行會讓他／她感到焦慮的行為。在一份針對怕狗的孩子所進行的調查中，研究員光是讓孩子觀看其他同儕摸小狗的影片，就能在一個禮拜之內，「治癒」了67％孩子的恐懼。甚至連某些非常嚴重的事情如自殺，也會受社交仿效所影響。聖地牙哥加州大學的大衛・菲立普斯博士（Dr. David Phillips）發現，「在連續兩個月有自殺新聞登上頭版後，平均自殺人數增加了五十八人。」或許，在

哭與笑、生與死之間，周圍行為對我們造成的影響，遠比我們所想像的更強烈。

鏡像神經元和其他大腦機制讓我們有了珍貴的同情心——可用於建立感情與社群的無價資源。儘管我們或許未曾感受過同等的快樂或傷心，但我們卻能對他人的情緒產生共鳴，讓我們得以安慰、支持或甚至與他人共享喜悅。

至此，主題已經呼之欲出了——正是這種讓我們得以建立起社群、共享彼此心情的機制，導致我們成為差勁的投資者。比起滿足自己的需求，我們總是試著跟上別人的腳步。如同茲威格所說的，「投資的目的不在於打敗其他人，而是掌控處在這場遊戲中的自己。」[2]

建立「目標導向」的計分板

對人類活動設下評判的基準，是再自然不過的事。畢竟沒有計分板的運動賽事或許是不錯的消遣，但對旁觀者而言將非常無趣。然而，就算計分板的存在確實很有必

2　葛拉漢和茲威格，《智慧型股票投資人》。

要，但我們必須確保以對自己有益、且符合遊戲規則的方式來計分。

對多數投資者來說，他們以為持續計分就是要拿自己的績效跟大盤表現來做比較（最典型的就是S&P 500），並因此淪為「普羅克魯斯汀」（Procrustean）謬誤的受害者。在希臘神話中，普羅克魯斯汀是一間客棧的老闆，但他的客棧只有一種床。為了確保所有旅客能剛剛好睡進那張床，太高的旅客會被他砍掉一部分的腳，太矮的旅客則會被他強迫拉長身體。投資者就像是這樣，總是利用非個人的市場指數作為基準，殘忍地折磨或虐待自己的風險偏好、個人價值與預期回報，卻忽略了去尋找更符合自身需求的標準。

根據自身需求來評估個人績效的這個方法，除了相當符合直覺外，還能帶來許多心理益處，並讓我們成為更好的投資者。根據個人需求而不是市場指數來評估獲利，能確保我們在市場大幅波動的時候繼續投資，提升儲蓄行為，還能讓我們繼續穩住自己的長線思維。

對於這種以個人需求作為基準的方法，業界稱為「目標導向投資」（goals-based-investing）。儘管不同的資產管理公司自有其方法，但最常見的共通作法就是決定個人需

求，並根據個人目標將投資分為數個部分。SEI是最先推出目標導向平台的財富管理公司之一，且其推出的時間很幸運地（至少對我這樣的研究者來說），剛好就在2008年金融危機爆發前不久。這個幸運的時間點，讓我們得以觀察到以目標為導向的財富管理方法，相較於利用市場指標來評估回報率的傳統方法，對投資行為會造成什麼樣的影響。如同我在《個人指標》（*Personal Benchmark*）這本書中所寫到的，研究者發現這兩者間出現了極大的差異：

A. 使用單一、傳統投資組合者：

- 50％的人選擇全部賣掉、或至少賣掉股票方面的投資項目，而這些人之中也包括了許多對現金沒有立即需求的高淨值資產客戶。
- 10％的人顯著地改變了自己的股票配置，減碼25％部位或更多。

B. 採用目標導向投資策略者：

- 75％的人沒有做出任何改變。
- 20％的人決定提高直接需求資金的部位，但長期資產仍舊維持充分投資。

如同SEI的研究人員瑞爾（Melissa Rayer）所說的，該研究的最重大發現在於「目標導向投資者較不容易陷入恐慌，且較不容易對自己的投資組合做出因理解不夠充分所導致的改變。」但是對於採用傳統投資組合的人而言，2008年實在是非常恐怖的一年。未將自己的需求區分成長期與短期的他們，發現自己的財產近乎減少了一半。這也難怪SEI所擁有的投資者中，有60％選擇趕緊抽身或大幅降低自己的持股！

　　相較之下，目標導向型投資者則明白這場風暴並不會對那個還很遙遠的目標，造成什麼影響。由於多數目標導向型方法包括了短期「安全桶」，因此投資者能安心地度過這場風暴。對於這種影響深遠的方法來說，目標導向型投資卻意外且幸運地，並不複雜。我們只需要單純地將資金放進不同目的取向的桶子中，並標示每個桶子的目標，如此一來我們就能明確知道哪些是真正重要的，而不會隨著市場的波動起舞。

　　為了杜絕短期思維，個人化指標同時也具備了心理學家所謂的「心理帳戶」（mental accounting）力量。作為一種框架，心理帳戶告訴我們：我們看待問題（或帳戶）的角度，將決定我們的反應方式。舉例來說，《紐約時報》

和CBS共同針對〈不問，不說〉（Don't Ask Don't Tell）立法[3]，所進行的問券調查發現，以兩種不同的框架來陳述同樣的問題，會顯著影響得到的結果。第一個問題問道：「男同性戀和女同性戀」是否可以公開地在軍隊服役？有79％接受調查的民主黨支持者回答為肯定；第二個問題則詢問受訪者是否贊成「同性戀者公開服役」？結果回答為同意的民主黨支持者下降到43％。

與此相似的，研究也發現人們較容易把標示為「退款」的錢存起來，而那些標示為「獎勵」的錢，則比較容易被花掉。歐巴馬總統和他那群擅長行為經濟學的顧問們，將那些於大蕭條後所施行的經濟刺激政策，定位為「獎勵」，以鼓勵人們去買大螢幕電視，而不是存錢。你對自己資產所貼上的標籤，將決定你如何使用與儲存它們；而這正是目標取向型投資所利用的傾向。

想想行為經濟學家魯文斯坦（George Loewenstein）所說的話：「在心理上將錢分門別類地放進不同帳戶的過程，往往也結合了替這些帳戶標上特定目標的動作。儘管

3　意指1994至2011年間，美軍內部的同性戀政策，由時任總統柯林頓所提出。

這個動作看上去不太重要，卻會對退休儲蓄造成極大的影響；齊瑪（Amar Cheema）和索曼（Dilip Soman）這兩位學者則發現，對收入極低的父母來說，往一個貼有孩子照片的信封內存錢，儲蓄累積的速度近乎為平常速度的兩倍。」

心理學家馬斯洛（Abraham Maslow）指出，人類的需求是有等級之分的，唯有在滿足我們對安全、食物、居住的需求後，才能顧及更高的需求。同樣的，唯有當我們擁有足以應付立即的安全性需求資金桶後，我們才有可能顧及到更高的財務目標，像是留下遺產等。圖4展示的就是此種概念。我們的預期回報和適當行為都會變得更加堅定。除此之外，刻意進行的分門別類過程，也可以減緩「將錢留給明天」所帶來的痛苦。誰會料到光是替你的財

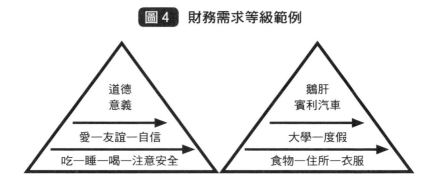

圖4　財務需求等級範例

產命名，就能帶來這麼大的效果呢？

將自己從「整體」中抽離出來

　　我最引以為傲的其中一個事蹟，就是和查克・威傑及 Brinker Capital 公司合作，創造了該公司以目標為導向的投資平台——個人基準（Personal Benchmark）。長久以來一直是個人化方法擁戴者的查克，帶領我加入此計畫，期待我能為他長年所觀察到的有趣現象，增添科學性的解釋——為什麼忽視投資大環境、專注於取得自己生活所需之投資回報率的投資者，往往是表現最好的投資者？

　　就所有的觀點來看，採取以「個人」為基準的標準，是相當符合直覺的事，而為了做到這一點，我們必須奮力抵抗某些根深蒂固行為所帶來的阻力。身為「人類」此種動物，比起滿足於獨善其身，我們更喜歡見到自己表現得比別人好。這種「螃蟹心理」，解釋了行為金融專家史塔曼所獲得的研究結果：多數研究參與者表示自己更願意領 5 萬美元的收入並住在一個平均薪資為 2 萬 5,000 美元的社區，而不是領 10 萬美元但住在一個平均收入為 25 萬美元的社區中。而透過我和 Brinker 公司的調查後，我們發現

唯一能超越這種貪婪競爭心態的力量，就是將目標集中在價值、信念和客戶的理想之上。為了發現這層道理所具有的價值，客戶與顧問往往需要進行更為深入的對談，而這麼做的結果，才能帶來一場兼具行為與財務獲利的有意義之旅。

對於那些堅持要跟別人做比較、而不是以個人基準為主的投資者，牛頓的故事，就是一個極好的警惕。不同於某些在過世後其思想價值才獲得高度肯定的思想家，牛頓在生前就受到眾人景仰，也因為自己的名氣獲得不少財富。但試圖將資產再翻倍的他，投資了南海公司的股票。這間公私合營的英國股份有限公司，其最初的成立目的是為了減少英國國債。

在看了一場浮誇的表演之後，英國政府決定給予南海公司在南美洲貿易的專利：一個還需要由當時控制著整個南美洲的西班牙政府配合，才能獲得實現的龐大利益。然而，投機者並不在意此種「壟斷權」尚未實現的現實，南海公司的股價開始被拉抬，牛頓變得更有錢了——至少在他第一次拿著本金和利息退出市場時。但儘管牛頓很早就脫手該公司的股票，他許多（比較不聰明的）朋友們依舊留在股市中，而南海公司的股價也繼續向上飆升。

資產已經很雄厚的牛頓，卻無法嚥下朋友與鄰居正在不斷超越自己的想法，於是再次買進股票——而這次，他卻恰巧買在了南海公司股價暴跌至最初發行價的前夕。這位擺脫不掉人類天性的天才科學家，事後留下了這句警世名言——我可以計算出天體運行的軌跡，卻算不出人類的瘋狂。

計分是人類的天性，但在進行的方式上卻分為「適應良好」和「適應不良」兩種。而獨立於我們之外的基準，只會強化無法反映我們所珍視的價值或需要的比較力量。相反的，如果我們能將自己最重視的價值，置入到投資過程中，我們就能確保自己獲得所需的回報率，讓自己的眼光能堅定地放在長期投資目標上，不會因為短期的波動而擔心受怕。如同我在《個人指標》中所寫的：

當投資已脫離其背後更長遠的目標時，投資將成為最艱鉅的任務。當我們透過適當的角度去觀看，即便是最小的投資決策，也自有其活力和生命。或許，投資決策並不會成為讓你能抱著期待起床的事物，但那些能讓你抱著期待起床的事物，自然也可以成為決策的核心。

行為校準怎麼做？

思考：「減少對**整體**經濟的擔心，增加對**自己**財務的關心。」

問：「這則新聞會對我和我的情況造成影響嗎？」

做：根據你最深的期望和長期財務目標，將自己的資產分門別類（無論是心理或實際上）。

預測工作留給氣象播報員就好

知者不言，言者不知。

——老子
中國思想家

史上最爛的神燈

請想像你是一個正身處在遙遠國度的考古學家，相傳曾經支配這片大地的部族，擁有一種不可思議的力量。而身為懷疑論者的你之所以來到這裡，就是為了解開關於這個部落的神祕傳聞，打破人們對於此種對於超自然現象的癡迷。小心翼翼地在古代遺址中前行的你，發現了一盞神燈。身為迪士尼90年代狂熱粉絲的你，決定擦擦看這盞神燈。然而，令人驚訝的事發生了，一個精靈飄了出來。然而這個精靈悲傷地告訴你，他不是那種可以實現任意三個願望的精靈，他只能滿足兩個已經預設好的選項。運氣

有夠差。儘管你那懷疑論者的世界觀已經因為這盞神燈而瓦解，但此刻飄在你面前的，偏偏是一個能力比較差的精靈。

儘管如此，一個願望還是願望，因此你詢問了自己能有什麼選擇。精靈告訴你，你可以選擇這一生之中，每年都會拿到3萬美元，或每天都能有足夠的空閒時間讓你散步三十分鐘。這兩個選擇會被放在一起實在是讓人摸不著頭緒，但你認為哪個選項會讓你更快樂呢？

如果你跟多數人（當然還有我）一樣，你會選擇錢。畢竟每年能拿到3萬美元的影響，確實是非常顯著的。然而客觀的研究卻告訴我們，儘管大腦跟我們說「拿錢比較開心」，但在提升快樂與生活品質上，規律運動的效果其實更為顯著。

我們怎麼會連這麼簡單的東西都預估錯誤呢？畢竟我們不僅跟錢打過交道，在某種程度上，也會定時散散步。難道我們還會不了解這兩件事對我們的影響嗎？事實證明，儘管我們很會評估哪些事情會帶來生理上的勞累（像是臉上被揍一拳）或愉悅（像是食物、性），卻不太會預測這些事情所產生的心理效果。

正如同哈佛大學心理學家吉伯特（Dan Gilbert）在

TED演講中精確點出來的，市面上之所以沒有肝臟或洋蔥口味的冰淇淋，並不是因為某個市調焦點團體反映這些口味真的很難吃，而是因為在本能上，我們就是知道這些口味勢必讓人作噁。[1]然而，在心理學上，我們卻經常淪為一連串認知扭曲的受害者，導致我們誤判哪些事物會帶給我們快樂、哪些事物又會帶給我們傷害。如果此種扭曲會導致我們連熟悉的事物都無法正確判斷，那麼要想準確預測動態的人類體系例如股市行為，基本上簡直難如登天。若引用《黑天鵝效應》作者塔雷伯所說，便是：「我們成功預測罕見政治或經濟事件的紀錄，並不是近乎於零；而是根本為零。」

　　或許在反駁塔雷伯那猶如黑天鵝效應（極不可能發生的事，實際上卻發生了）論點上，我們沒能取得什麼成功，但如果對象是更無趣的金融預測呢？這層道理之所以如此重要，就在於：根據策略專家蒙蒂爾的說法，在積極型的投資管理者之中，有80％至90％的人都是根據以預測為基準的模型來做決定。

1　吉伯特，「我們為什麼會快樂」（The Surprising science of happiness），TED.com。

知名的投資人歐沙那希如此描述此一過程:「最常見的決策過程就是某個人根據自己的知識、經驗和常識,在腦中演算了所有可能的結果,進而得出一個結論。這種方法稱為臨床法或直覺法,也是多數傳統積極型資產管理者需要做決定時,所採取的辦法……這種判斷需依賴預測者的敏銳度。」這聽起來相當合理,直到你突然意識到我們所依賴的,居然是預測者那個到頭來、其實一點都不敏銳的敏銳度為止。

　　逆向投資專家德雷曼(David Dreman)發現,華爾街多數(59%)「意見一致」的預測總是與實際情況落差極大(數值上的低估或高估幅度高達或甚至超越15%),導致這些預測根本不能使用。德雷曼進一步研究後更發現,在1973至1993年間他所紀錄的8萬個預測數據中,僅有1/170的數據,與實際數字的誤差範圍能維持在5%之內。

　　蒙蒂爾也在自己的著作《為什麼總是買到賠錢股?》(*Little Book of Behavioral Investing*)中,讓我們稍稍明白「預測」到底有多麼困難。在2000年,股票的(預測)目標價格平均而言比市場價格高出了37%,且最後也只達成16%。至於2008年,平均預測市場會成長28%,但市場最後跌了40%。在2000至2008這九年間,居然有四年

的分析連市場走向都預測錯了。最後一份調查：哈佛大學的桑德雷托（Michael Sandretto）和麻省理工學院的米瑞莫斯（Sudhir Mikrishnamurthi），共同審視了分析師針對預測熱門榜上一千家公司，所給出的一年預測。他們發現分析師的立場非常不一致，且平均每年的預測與實際數值居然有31.3％的差距。研究結果清楚告訴我們：預測並不準。因此，投資不能依賴預測，這是不容置疑的結論。

有效預測的最大障礙：自信

或許你會以為，沒有什麼能讓關於預測的壞消息變得更淒慘的事了，然而你錯了。預測不僅整體上的表現奇差無比，而我們最喜歡看的預測來源，往往還是其中表現最差的。加州大學洛杉磯分校的泰特洛克（Philip Tetlock）針對專家預測，進行了迄今為止最為詳盡的研究。他檢驗了過去二十五年間，由三百位專家所做出來的八萬兩千份預測。而這項研究所得到的結果，正如你此刻所猜想到的——「專家」預測的成果，僅僅比擲銅板強上一點點。而泰特洛克的其他發現，更讓人崩潰——越有自信的專家，其做出來的預測就越失真；名氣越大的專家，其展現的預

測能力越糟（平均而言）。只有在這弔詭的華爾街世界裡，我們才能預期自信滿滿的專家往往都是笨蛋，享有極高聲望的思維領袖則應該被唾棄。

讓我們花一點時間來思考，在財經預測的世界中，自信和聲望是如何引發反作用的。首先，先來考慮預測界超級巨星的血統：他擁有哈佛大學的財務金融博士學位，擁有CFA特許分析師此一超難考取的殊榮，且拼死拼活地才一路爬到高盛公司的頂點……有鑑於人生往往就是不公平到令人吐血，他甚至還是一位馬拉松健將、鋼琴演奏家、出色的廚師和人生常勝軍。

保守來看，多數財經專家都是聰明、有錢、成功且總是一帆風順者。在面對這樣的順境之下，我們不難看出來他們的勇氣是如何成長茁壯的。如同波特諾（Brian Portnoy）博士所說的：「……正是因為他們對於某個主題是如此熟悉，所以他們總是能非常自在地提出大膽的預測。」但這種趨近於狂妄自大的膽識，讓追隨他們意見的人，落得不幸的下場。

當泰特洛克的「專家們」被要求評價自己所擁有的自信時，那些宣稱對自己的意見握有八成自信的人，其預測正確率往往落在一半以下。更糟糕的是，當這些預測專家

被告知自己的預測並不正確時，他們往往會找出一套藉口（像是「以前從來沒發生過這樣的事」），而不是想辦法提升自己未來的預測品質。

顯然，「自信」是有效預測的一大障礙，但對於泰特洛克發現最出名的專家往往會給出最不準確預測的研究結果，我們又該如何面對呢？儘管市場預測專家的數量是如此龐大、而我們能選擇的範圍著實有限，事實上，每年還是有許多預測正確的大贏家（其結果甚至準確到不超過三個標準差）。典型而言，這些不大可能發生的預測，都是由市場上的長熊（perma-bears）或長牛（perma-bulls）所做出來的，只因為他們持續且通常堅定不移的信念，剛好與市場的某個時間點撞上了。那些精確「預測」到2008年金融危機的人，長期以來就是那些不斷喊著危機即將降臨的人，而這也讓瞎矇的他們，搖身一變成為金融先知。

儘管如此，財經媒體總是試圖找出一位先知，而他們的報導也總是傾向於追隨那些願意做出大膽預測的人。而這一群又一群將自己的名聲、建立在大膽預測之上的專家們——如你所猜的，總喜歡繼續給出那些當初使自己一夕爆紅的大膽預測。而此種方法帶來了雙重的問題。首先，市場走勢平均而言都是很無趣的；第二，前一次金融危機

的因子，鮮少會成為下一次危機的導火線。試圖打一場已經結束的仗、且對平淡的現實給出戲劇化的預測，這就是知名金融專家在預測上，往往比那些平庸同儕表現得更差的原因。

影響分析師的不當誘因

現在，我們已經知道金融預測是一件徒勞無功，還可能因為名氣和過度自信變得更糟的事情。但是，如果我們要提出一個「基於預測的投資建議」的替代方案，該怎麼做呢？首先，我們必須檢驗某些讓預測之所以如此困難的結構性障礙。其最主要的原因在於華爾街分析師的薪水，並不是靠他們做出精確的預測而來，且在他們背後還時常存在著誤導投資者的不當誘因。

達特茅斯學院的沃瑪克（Kent L. Womack）教授發現，1990年代早期的分析師所給出的股票評鑑中，平均約為六檔「買進」對上一檔「賣出」。但到了該世紀末，這個比例則膨脹到五十檔「買進」，一檔「賣出」。這些分析師不僅沒有警告投資者應小心陷入科技泡沫的過熱氣氛，反而為了自己的利益，推波助瀾。庫薩迪奇（Patrick

Cusatis）和伍爾里奇（Randall Woolridge）這兩位學者則發現，在長期收益上，有三分之一的公司是處於虧損狀態，而這個事實意味著分析師如果要做出正確的預測，在多數時間裡，他們都應該將三分之一的股票標示為「賣出」。但在現實世界中，被分析師評鑑為虧損狀態的公司，其比例僅為1%之中的17/100。

如果說這種系統性的偏誤不過是人類脆弱心理所導致的苦果，那還尚可被原諒。但令人難過的是，這種「買進」的標示不過是為了烘托整場遊戲的手段而已。如果說預測這件事本身是如此困難，那麼華爾街的分析師們照理來說，不大可能憑藉此能力而獲得高薪。葛林布萊特（Joel Greenblatt）在《超越大盤的獲利公式》這本書中為我們解釋了這其中的祕密：

研究分析師的另一個職業危害為：那些嚴厲批判自己公司股票的分析師們，往往會被切斷獲得重要資訊的來源。更重要的資訊，例如和公司高層的重要聯繫管道或來自投資關係部門的資訊，都會保留給那些更願意「合作」的分析師。絕大多數的分析師，其薪水並不是來自客戶。這些分析師所做出來的研究報告和買賣推薦，多半是在出

於僱傭利益下，受該公司股票經紀人操控所得出來的結果。長期存在的問題就在於分析師擁有壓倒性的誘因，讓他們給出「買進」的評價。

再次重申重點：分析師應該要秉持著公正的精神，透過適當的標準給予市場買進和賣出的建議，但他們卻偏偏受僱於憑藉買氣而獲利、因拋售而受損的公司。更重要的是，如果分析師不願意乖乖合作，他受雇的公司很可能還會讓他無法取得做出正確評價所需要的重要資訊。請想像天氣預報員的薪水如果取決於雨傘賣出多少把，或棒球裁判也可以賭自己所參與的球賽結果，那麼你就能更容易理解金融分析師背後的黑暗誘因。

在將近一百年前，經濟學家考爾斯（Alfred Cowles）針對金融預測的效力，進行了首次的研究，該研究的名稱非常直觀：〈股票預測家真能預測嗎？〉（Can Stock Market Forecasters Forecast?），透過這項研究，考爾斯發現僅有三分之一的預測家，能做好自己的份內工作——亦即挑選出一檔在五年內，其獲利能高於市場的股票。如同查爾斯・艾利斯所說的：「針對任何一個變項進行預測，都是非常困難的；針對任何一個牽涉到諸多變項的預測，

則更為困難；而評估其他投資專家是如何解讀此一複雜變化的角度，簡直是難如登天。」

無論就任何角度來看，艾利斯的話就像是真理。且根據考爾斯的研究，我們還能知道在自我越是膨脹、誘因越是複雜的時候，此現象只會更加嚴重。而根據我的推測，就個人投資者的角度來看，就算今天我們毅然決然地拋棄整個華爾街預測產業鏈，其實也不會帶來多大的傷害，甚至只會產生益處。那麼又為什麼在得知如此明確的證據後，我們還要繼續聽他們的話呢？

認知的自動化操作

葛拉漢說的好：「幾乎每一個對股票有興趣的人，都希望別人能告訴自己股市未來的走向。需求已經擺在那裡了，供給自然必須迎頭趕上。」然而，這只是供給追著需求跑的錯誤案例。結果證明，我們的大腦其實是以特定的方式來索求預測。在我們人體所有的代謝需求中，大腦是最貪婪的，總是拿走我們所攝入卡路里的20％。作為追求效率的機器，人體總是試著找出儲存能量的方式，而減緩大腦活動就是獲得最大報酬的好方法。

根據核磁共振（MRI）偵測所進行的研究指出，在聆聽金融專家說話時，我們大腦的某些部分會停止運作。這種認知上的休眠，在減緩身體機能消耗上或許是有利的，但對「賺錢」這件事來說卻是有害的。參與該研究的科學家檢驗了在各種情況下執行財務決策時，大腦的活動有何不同。而獲得財經專家建議的受試者，其大腦內關於進階推理的部分，沒有出現太大的活動。

　　更具體來說，當我們開始傾聽財經名嘴吉姆‧克瑞莫（Jim Cramer）說話時，大腦就會停止思考。如同專業自行車選手為了替最後一次爬坡省點體力，他們會選擇緊跟在對手之後——因為別人的想法而焦頭爛額的大腦，也會有效率地進入省電模式。

　　知道自己辛苦賺來的錢就這樣因為人類不理性的本能，為著天花亂墜的故事、僵化的體制而置於危險之中，是一件令人極為難受的事。然而，認知心理學家特沃斯基（Amos Tversky）的發現卻讓我們更加坐立難安：「一想到自己或許不了解某些事時，確實會讓人害怕；但想到世界是由一群深信他們知道未來會是怎麼樣的人來運作，這種念頭更叫人驚惶。」

　　認為在做出財務決策時，沒有任何概率優勢能協助你

判斷股價走向，是極為不現實的虛無主義。反過來看，認為有人（無論經驗多豐富或教育程度多高）可以利用實用資訊正確地預測未來，也是過分不現實的樂觀。

　　在這兩種態度之間的中庸之道，就是審慎地避免去猜想未來，利用自動化系統來取代充滿偏誤的人為判斷，並透過適當的多樣化來展現自己的謙遜。這是一種「我懂某些事，但我並非無所不知」的態度，而此一態度儘管能讓我們賺到一些錢，但或許無法將我們推上CNBC的主播台。如同我們在本章所學到的，世界上不存在能預示未來的神奇水晶球，但這並不意味著就沒有任何可供我們攀扶的手把。

行為校準怎麼做？

思考：「這傢伙什麼都不知道。這傢伙什麼都不知道。這傢伙什麼都不知道。」

問：「這項預測是以概率、謹慎觀測和研究為基礎的嗎？這個人過去的預測表現如何？」

做：比起猜測不可知的未來，請根據不受時間影響的行為準則（請參見本書第二部分），維持一致的行為。

市場的過剩現象必然不會持久

現在沉淪者，來日必復興；現在榮耀者，來日必衰朽。

——賀拉斯（Horace）
古羅馬詩人

一切都將過去

你們肯定聽過「這也終將過去」（This too shall pass）這句話，但或許不太明白這句話背後的故事，以及它至今依舊未能釐清的出處。人們對這句話的出處說法各異，有人說是出自所羅門王，有人說是出自蘇非派（Sufi）詩人，而最多人說的，則是出自一位「東方霸主」之口。

在蘇非派的詩裡，這句話被刻在一只送予國王的戒指內側，而之所以會有這只戒指，是因為國王要求他的智者為他打造一個在他悲傷時，一戴上就會開心的戒指。然而最諷刺的是，這只戒指不僅讓國王在悲傷時因為看到「這

也終將過去」而開心起來，卻也讓國王在開懷大笑時因為這句話，而開始悲傷。在猶太經典中，作為無常智慧接受者與傳播者的所羅門王，也在其中一個故事中，將這句話作為任何時刻下的警語。

十九世紀的時候，這句話在西方世界享有了一定程度的歡迎，更曾著名地被林肯（Abraham Lincole）所引用：「相傳一名東方君主要他的智者為自己想出一句無論在什麼時候看到、都是最貼切且受用的話。於是智者將『這也終將過去』這句話，獻給了那名君主。這句話是多麼地完美啊！在驕傲的時刻給予我們當頭棒喝，在悲傷的時候給予我們撫慰！」[1]

儘管這句話的出處或許曖昧不明，但它在投資上所能發揮的效果，卻不容質疑。投資者必須理解，任何「過度行為」都不可能持久的道理。

---

1 林肯，〈威斯康辛州農業協會演說〉（Address before the Wisconsin State Agricultural Society），abrahamlincolnonline.org，1859年9月30日。

「均值回歸」魔咒

　　世界各地的運動迷們，想必都聽過關於《運動畫刊》（*Sports Illustrated*）封面魔咒的故事。相傳，只要登上《運動畫刊》封面的運動員或隊伍，在其後的數個禮拜甚至數月間，一定會出現受傷、表現不佳或運氣超差的情況。2003 年下半，將近有一個世紀都在鬧冠軍荒的芝加哥小熊隊（Cubs）和波士頓紅襪隊（Red Sox），因為氣勢洶湧、勢如破竹地打進 MLB 季後賽，因而登上了《運動畫刊》的封面。緊接著，兩支隊伍都遭遇了戲劇性的崩潰，紅襪隊被連勝三場的洋基隊橫掃出局，小熊隊則在第七戰中，敗給了後起之秀馬林魚隊。

　　職業拳擊場上，史賓克斯（Michael Spinks）也在即將和泰森（Mike Tyson）決戰之前，風光地登上了《運動畫刊》封面，當時的標題還斗大地寫著「別想打倒我」。悲傷的是，史賓克斯不僅輸了，還在開賽後僅僅九十一秒，就被泰森一拳擊倒。洋基隊的核心四成員——基特（Derek Jeter）、李維拉（Mariano Rivera）、派提特（Andy Pettitte）和波沙達（Jorge Posada），共同登上《運動畫刊》2010 年夏季號。接著在七天之內，除了基特以外的三個

人都進入了傷兵名單。儘管逃掉了受傷的威脅，基特卻遭遇了個人職棒生涯中最黑暗的一年。

運動迷一直都是迷信的一群，許多人都想相信《運動畫刊》魔咒確實有某種神奇的巫術。然而，更有可能的解釋是心理學家所謂的「均值回歸」，即觀察對象會隨著時間逐漸朝均值移動。一支球隊或運動員往往是憑藉著高於均值的表現，才有幸登上《運動畫刊》的封面。而隨著時間的推移，他們的表現也自然會愈來愈朝著均值靠近。

康納曼在《快思慢想》一書中，提到自己和以色列空軍合作時，聽到一名軍官表示他發現每當某位飛行員因為完美的表現而獲得上級大力讚揚時，這位飛行員的下一次表現往往會奇差無比。該名軍官認為，表揚之所以會導致表現不佳，或許是因為表揚會讓該名飛行員在心態上變得較鬆散或過於得意。而康納曼在稍後根據自己的經驗解釋道，無論是表揚或批評，超群的表現往往會朝著較差的表現靠近，而差勁的表現則往往會通往更好的表現。對於「長期而言，表現會朝著均值靠近」的事實而言，正面或負面評價都不過是煙霧彈而已。

英國統計學家高爾頓（Francis Galton），在其關於遺傳的研究中，也發現了相似的結果。身高鶴立雞群的人往

往會生育出較矮小的後代，而非常聰明的人，也往往會生育出較為平庸的孩子，也就是他所謂的「向中間值靠攏」。如同康納曼對特沃斯基所說的，無論是測量人類智商、運動員潛力或豆桿長度，「一旦你對這件事的敏銳度增加了，你就會發現處處都有回歸的影子。」

均值回歸在華爾街所造成的影響，就跟在洋基球場上所造成的影響一樣明顯，只不過多數投資者不太關注而已。在談到這件事的力量時，歐沙那希這樣說道：「在研究了股市的大量數據——包括美國與所有已開發的外國市場後，我發現唯一的鐵則就是均值回歸。」

想必你現在已經痛苦地察覺到，現實生活中的規則，沒有一條適用於弔詭的華爾街世界。人類在出於本能的情況下，會預期已觀察到的事物在相較之下，不太會改變。如果我們今天遇到一個非常親切且貼心的人，我們就會預期一年之後，這個人還是如此。同樣的，如果一間公司今天運作得很不錯且獲利狀況良好，我們就會預期這樣的表現會持續下去。然而，對於一個無可避免地朝著中間值靠近的世界，抱持著永遠不變的預期，只會導致投資者在過於悲觀或樂觀的情況下，做出拙劣的決定。無論是面對運動員或股票，總是希望狀況能一直不變的我們，身處在一

個極端值總是會被迅速消滅的世界裡。

柯林斯（Jim Collins）和波勒斯（Jerry Porras）所寫的《基業長青》（*Built to Last*），是目前市面上流通率極高且評價也相當好的商業書籍。該書以一份長達六年的研究為基礎，「試圖找出百年企業的常見基本特質」，並將這些資訊傳遞給更廣大的商業世界。簡單來說，柯林斯和波勒斯希望詳細檢驗幾家最棒的公司，並分析這些公司之所以如此出色的原因。

在《基業長青》尚未出版的十多年前，該書所提到的公司們在績效表現上，都顯著地超越S&P 500，其21％的回報率也比廣大市場的17.5％要高。而這些出色的表現自然是理所當然的，否則它們也不會被選入這樣一本以研究出色企業為主題的書中。然而很快地，均值回歸的效果出現了：在該研究結束後的五年內，出現在該書中的公司僅剩下一半，其表現優於市場。如果我們將時間拉得更長（從1991到2007年），我們會發現：事實上這些公司每年的回報率僅為13％，比同時期S&P 500所得到的14％回報率還要差。就跟世事一樣，出色的公司也終將成為過去。

我們在《基業長青》中個別公司身上所觀察到的現象，也同樣發生在輸、贏研究的案例中，以及基金管理者

的研究中。一項由布蘭德斯研究所（Brandes Institute）進行的調查發現，即便是最屬害的長期基金管理者，也會有長時間的低潮，且出現較劇烈的均值回歸。在該研究的某個時間點上，表現最出色的管理者甚至落後自己的基準20％（平均而言）。即便是在三年的時間線內，有40％的最佳管理者其表現落在墊底的10％內。那些不再受到信賴的「最佳管理者」策略，在接下來的七年間，往往又會展現17％的年回報率，可惜的是，許多投資人因為不了解未來可能出現的好成績，往往已經拋棄了他們的基金。

哈佛大學的桑默斯（Larry Summers）和麻省理工學院的波特巴（James Poterba），共同發表了一篇學術論文，標題為〈股價的均值回歸：證據和影響〉。他們著手調查了1926至1985年間在紐約證交所上市的股票，研究當股票價格出現大幅成長或下跌後，會帶來什麼樣的後續影響。如同你可能已經猜到的，他們發現在出現超高回報率之後，往往就會出現超低回報率，反之亦然。

同樣的，經濟學家塞勒和德邦特（Werner DeBondt）也在他們的〈股市是否反應過度？〉研究中，指出績優股最終也會淪為垃圾股，而今日的輸家很有可能就是明日的贏家。此外，他們也檢驗了過去五年內表現最佳與最差的

三十五檔股票，結果發現：在經歷了中等期間後（十七個月），曾經是輸家的股票，其表現居然超越了指數17%，而昔日股民們的「心頭好」，如今的表現卻比指數低了6%。

好事不會久留

前面我們曾簡單地提過，人類對持續性的需求，以及此種需求會如何演變成一種「以為未來會跟現在差不多」的錯誤信念。正如同我們認定今天還很親切的朋友，在一年後也會是同樣親切的朋友般，我們錯誤地假設今日的熱門股到了未來，依舊會勢不可擋。但如同經濟學家波爾丁（Kenneth Boulding）曾留下的名言：「任何認為穩定成長可以永遠持續下去的人，要不是瘋子，就是經濟學家。」

正是這種過度樂觀的預期心理，導致1980年代的日本不動產市場，出現泡沫化。曾經有那麼一度，光是東京的不動產市場價值，等同於美國總體不動產市場價值的四倍！在倫敦證交所最瘋狂的那段日子裡，其總價值在二十五年內成長了整整一百倍，甚至超越了當時歐洲所有現金加總後的五倍。同樣的，歐沙那希如此描述了美國的

網際網路泡沫：「……Constellation 3D、eNotes.com、simplayer.com 和 Braintech 等公司，眼見著自己的股價在公司根本沒有做成任何生意的情況下，**翻了十倍**。」

沒能察覺過熱情況不會持久的錯誤，將泡沫灌得又大又飽滿，最終對真實財富帶來了長久且廣泛性的摧毀。作為精明的投資者，我們必須像那位東方君王，時時帶著能在悲傷時給予我們撫慰、在富足時給予我們當頭棒喝的座右銘。

讓自己體悟「每一場金融盛況下，都埋藏著下一場金融危機的種子」，是一件相當痛苦的事。然而，與一般大眾認為的「熊市充滿危機而牛市不存在風險」相反，行為投資者必須理解創造出風險的正是市場狂熱，而處於低潮的市場，反而才是將風險徹底反應完畢的安全處境。

另一項讓評估過熱情況如此困難的原因，就在於許多時候市場情緒之所以如此高漲，是因為某些好點子被過度放大。在二十世紀交替之際出現的網際網路泡沫，成因就在於人們認為網路將徹底改變商業世界的面貌。儘管此一假設確實為真、且如今網路所造成的影響甚至遠超過當時人們的想像，但即便如此，這並不意味著商業現實，例如「獲利能力」，就必須讓步給更虛無縹緲的價值，例如「心

智佔有率」或「吸睛度」。

　　就像是飛機改變了我們的世界而航空股卻總是差強人意般，如今市場上存在著許多或許會徹底改變世界運作方式的創意，但有鑒於人類過於不切實際的樂觀，導致這些股票最終沒能成為明智的投資對象。如同葛拉漢所說：「一間公司顯然會達成的成長率，不必然等同於投資者能獲得的利益。」正由於多數金融過熱都是建立在「再正確不過」的觀點之上，導致人們更難察覺其背後的實際情況。

　　馬克‧吐溫曾睿智地說過，歷史不會重演，但卻會如同韻腳般不斷再現。下一場因為貪婪與恐懼所締造出來的過熱，看上去似乎跟前一場有所不同，但其共通點就在於認為「明天會跟今天一樣」的不切實際預期心態，以及「這次一定會不同」的想法。如同金融歷史學家高伯瑞在《金融狂熱簡史》中所說的：

　　當相同或近似的情況一再發生，通常年輕、且總是超級有自信的新一代投資人會大力吹捧，將其視為金融領域與更廣大的經濟世界了不起的創新發明，有時這些現象還僅相隔數年。很少有哪個人類文明領域會像金融世界那樣，輕忽歷史。過去的經驗屬於記憶中的一部分，卻受到

排斥，被認為只是沒有洞察力去體會當前驚人奇蹟的古老避難所。

　　坦白說，要想察覺此種過熱，你必須要做個掃興的人。而這麼做會讓你在許多時候，顯得與眾人格格不入。你必須在全球蕭條的時期下，做一個充滿樂觀而堅強的人；並在歌舞昇平的盛世裡，做一名兢兢業業的歷史學家。這件事確實一點都不好玩，但或許能讓你獲利。

　　當巴菲特於2008年寫下那篇〈買進美國〉（Buy American）的著名社論時，他並沒有頭頭是道地分析市場，甚至承認自己不知道在短時間內，市場會發生什麼事。他只是維持自己的觀點，反覆重申那句永不過時的金句：「這也終將過去。」

行為校準怎麼做？

思考：「這也終將過去。」

問：「認為未來會和現在一樣的信念，能讓我用低價買進好股票嗎？」

做：未雨綢繆，做好財務上的準備，讓自己能在饑荒時享用盛宴，在豐收時儲備糧食。

▼

多樣化意味著總會留下些遺憾

> 我想我的人生配方為：夢想、多樣化，還有絕對不要輕忽任何一個觀點。
>
> ——華特・迪士尼（Walt Disney）
> 大夢想家

　　如果你想體驗一下絕對貧困的感受，不妨花點時間瀏覽「富比士富豪榜」中的那些美國大亨。在被嫉妒沖昏了頭之餘，請試著找出這些富豪們的共通點。

　　乍看之下，或許沒有特別突出的特質。有些人如歐普拉（Oprah Winfrey），出身平凡；有些人如川普（Donald Trump），則在年輕時就繼承一筆財富。這些人有男有女，有黑人也有白人，有老也有少。但繼續看下去你就會發現：多數人之所以可以榮登超級富豪榜，都是因為他們將精力集中放在一件事——通常是一間公司上。無論是微軟的比爾・蓋茲，還是波克夏的巴菲特、臉書的祖克柏，他

們的立場都不是很多樣化。

如果說「集中化」是獲得驚人財富的必要條件，我（以及許多你所見到的財經專家們）為什麼還要吹捧「多樣化」的優點呢？原因就在於：儘管集中化是獲得巨大財富的最快方法，卻也是賠上一切的最短路徑。一夜致富和快速入貧，就像是一個銅板的兩面。

經濟學家馬可維茲（Harry Markowitz）因為將「資產配置多樣化」的概念在金融界大為推廣，而獲得極高的肯定。不過將「分散」作為行為工具的概念，事實上非常古老。根據推論，約莫於西元前935年所寫下的聖經《傳道書》（*Ecclesiastes*，*11:2*），其中就提到了作為風險管理的分散行為能帶來哪些好處，它寫道：「你要分給七人，或分給八人，因為你不知道將來有什麼災禍降臨到地上。」

猶太經典《塔木德》（*Talmud*）也出現了分散行為的早期雛形，該經典指示人們應將資產切割成三部分：三分之一放在商業，三分之一放在現金，三分之一放在不動產。而關於多樣化觀點堪稱最著名、且或許是辭藻最華美的描述，莫過於莎士比亞的《威尼斯商人》（*The Merchant of Venice*）：

我的買賣之成敗並不完全寄託在一艘船上，

更不是倚賴著一處地方；

我全部的財產，也不會因為一年的盈虧而受到影響，

所以，我的貨物並不能使我憂愁。

　　值得關注的是，這些早期文獻對於多樣化所帶來的財務益處和心理健康，有著等量的關注，它們了解投資就廣義的角度來看，除了賺錢外，更需要去管理投資者的恐懼與不確定性。在本質上，多樣化就是用謙遜的態度去面對不確定的未來。我對多樣化的想法，就跟保險公司提供理賠的觀念非常相似。儘管某些投保者確實會每年出些小意外而需要申報理賠，但多數人不會。而保險公司可以透過收到的總體保險費來分散自己的風險。同樣的，透過資產類別的區別和分散來達到多樣化，能確保單一投資項目的失敗，不會拖垮你整體長期投資的績效。

　　如果我舉保險為例讓你感到乏味，班・卡爾森建議我們可以將多樣化想像成「讓悔恨最小化」。如同他在《投資前最重要的事》一書中所說，「某些投資者為著沒趕上賺大錢的機會而悔恨，某些投資者卻因為撞上賠光錢的時機而悔恨。哪種悔恨會讓我們的情緒最難受呢？」

在你回答之前，先讓我告訴你：研究清楚顯示，輸光錢絕對比少賺一大筆錢，更叫人難受萬分。康納曼和特維斯基在檢視贏錢和輸錢的效用曲線時，發現人們痛恨輸的程度，遠超過贏的開心。網球名將阿格西（Andre Agassi）無比貼切地表達了這種心情：「現在，我贏了一個大滿貫，我知道了某些人或許不知道的事。贏球的興奮不如輸球的痛苦來得強烈，而快樂之情也不如痛苦之情來得持久。這兩者完全無法相提並論。」

或許你是相當罕見的少數，因為贏錢所感受到的快樂，遠超過因為輸錢所感受到的痛苦。在這樣的情況下，請發揮前所未有的專注力，準備進行一場瘋狂之旅。但如果你就跟我們所有人一樣，那麼在通往長期投資目標的路途上，我們就需要多樣化來幫助我們減少擺盪。

控管行為風險之道：多樣化

舉例來說，早期「失落的十年」（Lost Decade）之所以會被這樣命名，是因為美國大型股票（如S&P 500）的投資者在這長達十年的時間裡，每年都會蒙受1％的損失。然而，那些將自己的錢平均分配到五大資產類別上的

人（美國股市、外國股市、商品、不動產和債券），卻根本沒有受到「失落的十年」影響，他們每年都能獲得相當亮眼的7.2％回報率。其他時候，狀況卻有了截然不同的發展。在大蕭條後的七年裡，股價簡直是突飛猛進，而多樣化資產配置的成長卻只稱得上中規中矩。事實上，我們可以肯定你的某些資產類別在這幾年中，甚至會表現不佳，而這也證實了波特諾博士所說的話：「多樣化意味著總會有些遺憾。」

最簡單的道理就在於沒有人知道在特定的期間內，哪種資產的表現會更好，因此多樣化是面對這種不確定性時，最符合邏輯的作法。舉例來說，自1928年以來，股票和債券只出現過三次同時大跌的情況（分別為1931、1941和1969年），這意味著同時持有這兩類資產，可作為我們度過難關的方法。正如同沒出車禍的時候，安全氣囊不過是毫無意義的存在般，債券多數時候都像是資產配置中的拖油瓶——除了在危機關頭時。

但對不確定性的讓步，不意味著我們要在回報上妥協。事實上，廣泛的多樣化和再平衡甚至能將我們的年回報率提高半個百分點，只要理解財富長期累進效力的人，就能明白這0.5％事實上有多麼地了不起。讓我們以《投

資前最重要的事》所引用的歐洲、亞洲與美國股市為例，
來觀察在1970到2014年間，各市場的年回報率：

- 歐洲股市——10.5%
- 亞洲股市——9.5%
- 美國股市——10.4%

看上去，回報率可謂不相上下，但讓我們將三個股市
用等權重的方式結合在一起，並於每年年底進行再平衡，
以確保投資組合的一致性。如此一來，我們會得到該期間
內的平均回報率為10.8%，比任何一個股市都還要高！對
於這個結果，或許只有「多樣化奇蹟」的形容足以描述。
每個股市都經歷了各自的高潮與低潮，而自動化的再平衡
讓我們能賣在高點，買在低點。**「買低賣高」**——聽起來
很耳熟嗎？在股市低迷的時候進場，高漲的時候出場，就
能實現多樣化所帶來的協同作用。

多樣化的優點除了我們上述所討論到的這些，擁有不
同的資產類別也能幫助我們抵禦市場波動，從而減少「差
異損耗」（variance drain）[1]。「差異損耗」聽起來有些高深，

1　譯注：亦稱「波幅拖累」（Volatility drag）。

但簡單來說，這是用來描述一種有害效應，亦即透過高度變動的投資手法導致我們以谷底的低點來累進財富。即便算數平均數是一樣的，但它造成的財富累進效果卻有著驚人的差異。

確實，這些聽起來還是有些艱澀！讓我們透過實際的例子來了解其現實運作。假設你分別在兩個平均回報率皆為10%的商品上，投下了10萬美元。其中一個商品的波動性較大，另一個商品的波動則受到管理。而波動受管理的商品其價值分別在兩年內，成長了10%，而你最終獲得了12萬1,000美元；另一個波動性較大的商品，其第一年回報率為-20%，第二年直接三級跳跑到40%，因此最終的平均年回報率也是10%。

好消息是，你可以向一起打高爾夫球的兄弟們，炫耀自己達成了40%的年回報率——你根本是投資奇才啊！然而壞消息是，這筆投資所獲得的最終成果，卻僅有11萬2,000美元，比波動受控制的商品要少了9,000美元，這就是因為你的財富累積是從低點中的低點開始。很少有投資者明白，我們需要100%的獲利才能消除50%的損失。多樣化的價值，就在於它可以消除波動，帶來更高的財富累進效果，並讓投資成果不易受到壞的行為影響。

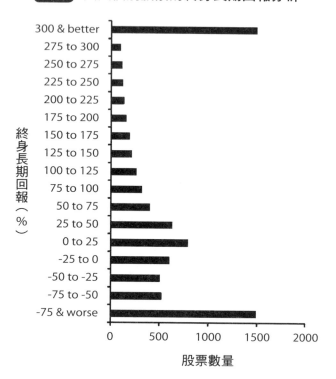

圖5 美國個別股票的終身長期回報分析

（縱軸）終身長期回報（%）

- 300 & better
- 275 to 300
- 250 to 275
- 225 to 250
- 200 to 225
- 175 to 200
- 150 to 175
- 125 to 150
- 100 to 125
- 75 to 100
- 50 to 75
- 25 to 50
- 0 to 25
- -25 to 0
- -50 to -25
- -75 to -50
- -75 & worse

（橫軸）股票數量：0　500　1000　1500　2000

我在本章的一開始，就提到串連起多位超級富豪的線索，就是最極致的投資組合集中化（多數情況為憑藉單一檔股票）。當然，夢想開著瑪莎拉蒂跑車、以香檳代替白開水、雇用一位名叫克拉倫斯男僕的你，也想要只靠一檔股票就將自己送上財富的頂端。不過，在你決定付諸行動前，我鼓勵你可以看看近期由長板資產管理公司

（Longboard Asset Management）所做的調查。該公司發現：有將近40％的股票其終身回報率為負值，有64％的股票其表現低於市場指數，還有四分之一的股票基本上承包了市場上的所有回報。圖5所呈現的就是該調查結果。

想像自己如果將錢全部壓在＿＿＿＿＿＿＿（請置入你最喜歡的股票名稱）上，會獲得多大的成就，就叫人心癢難耐。但歷史告訴我們：將所有的錢壓在一檔股票上而導致破產的機率，是成功致富的兩倍。就現階段而言，我們最好還是喝著水，乖乖洗碗盤，開著國產車，且最重要的——確實執行多樣化。

當投資世界越來越小

看到這裡，希望你已經被我說服，並理解多樣化的重要性。現在，就讓我提供一點點壞消息——要做到多樣化，已經變得愈來愈困難了。如同這世上所有的事情，全球化既帶來了好處（打破傳統文化的藩籬、培養更多的同理心等），也同樣帶來了壞處（民族主義、在地文化遭到破壞）。但對於我們在達成多樣化上面的助力，它功不可沒。

在一個關聯愈來愈緊密的世界下，要想找到一個全然不受波及的投資項目，變得更為困難了。在1971至1999年間，S&P 500與MSCI EAFE外國指數（除去美國的世界股票指數）的相關係數為0.42。而自該世紀初到目前為止，這個數字平均為0.83！根據經濟學者熊偉（Wei Xiong）等人的研究，商品也蒙受了相似的特異性損失。[2]

綜觀1990至2000年代，商品指數的平均年相關係數維持在0.1左右。但到了2009年，這個數值翻了五倍，變成0.5！更糟糕的是，在金融危機爆發的2008年期間，商品與股票間的相關係數攀升到0.8，從而失去了多樣化所應該具有的意義。

隨著世界不斷收縮，相互依賴的關係愈來愈緊密，我們很直觀地就會認為各種資產類別，或許會愈來愈相似。存在於資產類別間與內部的多樣化，並不會受時間影響且能持續為投資者所用，但在此一更廣泛的框架下，投資者必須尋找可獲得「非相關性」回報的新辦法。

針對種族與心理多樣性（像是擁有不同人格特質）的

---

2 Ke Tang 與 Wei Xiong，〈指數投資與商品金融化〉（Index Investment and the Financialization of Commodities）。

企業團隊所進行的研究，得到了令人振奮的答案。與成員不多樣化的團隊相比，成員多樣化的團隊在進行決策上往往更花時間、更容易出現爭吵、表現也總是兜著圈子走。然而，該團隊往往也能做出較好的決策，評估更多的可能性，且更重要地——創造獲利能力更好的公司。

同樣的，當我們用較狹隘的眼光去理解時，擁有多樣化資產或股票的作法勢必會帶來某種程度上的失望。總會有拖累大家表現的絆腳石，而你腦中免不了出現那些捨棄多樣化可能帶來的驚人財富想像。但請就長期投資組合的角度來思考，多樣化的力量是如此了不起，連避險基金大師阿斯奈斯（Cliff Asness）也稱其為「投資界唯一免費的午餐」。多樣化或許意味著永遠都有些遺憾，但這也絕對勝過於當你捨棄多樣化而可能面臨的慘痛下場。

行為校準怎麼做？

思考：「一夜致富和快速入貧，是一個銅板的兩面。」

問：「我該如何透過學習新技巧和打造新關係的方式，來多樣化自己的個人與職場風險？」

做：將自己的資產進行多樣化，使其至少涵蓋國內股票、國外股票、固定收入和不動產等面向。

▼

風險，並不只是一條彎曲的線

十月。這是投資股票最危險的月份。其他危險的月份依序為七月、一月、九月、四月、十一月、五月、三月、六月、十二月、八月和二月。

——馬克・吐溫
《傻瓜威爾遜》（*Pudd'head Wilson*）

　　儘管在我的職業生涯中，都是試著將行為原則套用到金融世界中，但當我還在念博士時，是一名臨床心理學家。而取得博士學位的其中一個門檻，就是必須和面臨人生危機的客戶們進行超過一千個小時的諮商。而在這個過程中，我培養出一個極為珍貴的技能：懂得該如何和那些陷入恐慌的投資者溝通。

　　我的第一個客戶（這裡暫且稱呼她為布魯克），讓我留下了極深的印象，而她的故事也成為該如何去考量風險的絕佳例子。那一天，走進我辦公室的布魯克，將手上拿著的六個信封，攤在了我的桌上，並立刻開口說道：「我

有問題。」布魯克打扮得非常得體，言詞清晰，而根據我手中的檔案，她還是一名超級傑出的學生。坦白說，我根本想不出有哪件事能讓這樣一個完美的人深感困擾。

隨著我們進一步交談後，布魯克開始解釋自己的問題，而我試著掩藏自己只是一個嚇壞了的菜鳥。布魯克是一位前途閃亮的科學家，也申請了非常多知名機構的博士學程，而這些學校已經將評估結果透過信件，寄到她手中——也就是一開始她帶進來的六個信封。打從童年時期開始，她就一直期待著能成為一名科學家，整個高中也都為著進入頂尖大學而努力著。進入大學後，更一直是品學兼優的頂尖學生。她這一路走來的所有準備，都是為了迎接這一刻！

然而，當那些信來到了她的手中，她卻什麼都沒有做。傾注畢生精力與熱情只為了迎接這一刻的她，終於來到了必須面對自己究竟會被接受、還是被拒絕的瞬間。隨著註冊入學的時間步步逼近，她必須面對自己的恐懼——拆開信封並採取行動，然而她卻陷入徹底的癱瘓狀態。在付出如此驚人的努力之後，她已經完全無法承受自己有可能會被拒絕的事實。

在整個諮商的過程中，我的表現簡直是一團亂。布魯

克所面臨的問題，從未出現在我唸過的教科書中，對於一個如此理性的人居然會表現出如此違反常理的行為，我自己也是困惑極了。我清楚記得自己笨拙地接著話、一度不小心將檔案打到地上，在整個諮商過程中更是沒有發揮半點作用。根據心理諮商師的原則，我們不應該給予對方直接的建議，而應該透過尖銳的問題，讓對方自己找到理想的答案。但就我當時的處境來看，說比做容易多了。

怎麼樣都無法好好引導她找到出口的我，在出於挫折的心態下，終於脫口而出：「就我來看，不敢冒險的舉動，只會導致那些讓你最為害怕的情況發生。」這句話不怎麼深刻，但居然發揮效果了。就在那天，布魯克和我頓然醒悟，管理不確定性的最好方法，有時候也會導致些許失望發生。而這個道理同樣適用在投資世界中。而她，沒錯，同時獲得六所學校入學通知的布魯克，選了自己最喜歡的一間繼續深造！

布魯克的問題源自於她對風險的定義，偏離了現實生活中的風險概念。她將風險定義為收到拒絕信，並錯誤地以為逃避拆信的舉動就能躲掉所有風險。

重新理解「個人風險」的定義

　　定義很重要，而對風險抱持著適當關切的投資管理者，往往將一項資產的波動性視為評估風險的方法。使用波動性作為風險評估的最大優勢，就是簡約性：易於量測、可被確實地紀錄且有助於創造優雅（然而可能無用）的數學模型。然而，將波動性視作風險化身的問題雖然只有一個，卻很嚴重：它沒辦法以任何一種有意義的方式去反映出其應該量測的對象。傳奇價值投資人霍華・馬克思對此做了相當出色的解釋：

　　學術界將「波動」作為風險的代理人只是出於方便。他們需要一個可供計算的客觀數字，且可以清楚地透過歷史查證進而去推斷未來。比起其他風險種類，波動性最能符合他們的需求。儘管如此，這麼做的問題在於：我認為對多數投資者而言，他們並不在乎波動性。比起波動性，我認為讓人們遠離投資的主要原因在於他們擔心血本無歸或報酬過低。對我而言，『我需要更高的報酬，因為我害怕自己可能會輸錢』的想法，遠比『我需要更高的報酬因為我擔心價格可能會波動』來得有意義。所以，我非常

肯定『風險』最主要的意義，應該是輸錢的可能性。

　　再想想巴菲特著名的第一個投資原則「不要輸錢」，而第二個原則是「絕對不要忘記第一個原則」。然而，他手中的波克夏持股自1980年以後，股價曾經四度出現大幅波動致使價值跌到原有的50％左右，就波動的角度來看，這個風險實在高得驚人。但巴菲特自始至終都沒有賣過任何一張波克夏的股票，因此這些風險自然未被實現。

　　相反的，如果是一名專注於波動性的投資者，在過去三十五年內應該早就數度將波克夏賣掉。幸運的是，股神非常了解他的精神導師葛拉漢的智慧──真正的投資者並不會僅僅因為手中持股的市場價格下跌，就因此輸錢；因此，價格可能下跌的事實，並不意味著他正在冒著輸錢的風險。

　　《韋氏字典》將「風險」定義為「失去或受傷的可能性」，因此我們可以合理認為投資風險應該意味著「永遠失去資本」的可能性。讓我們再往自己貼近一點，直覺上，個人投資風險應該意味著「無法繼續過著渴望的經濟生活」。利用波動性來定義風險的辦法，完全剔除了個人因素，但我們很能理解風險此一事物確實是隨外在而定。正

如同我們每個人的目標、恐懼、需要用錢、盡的義務都不同般，風險自然也是因人而異。

在抱持著此一態度下，讓我們透過更好的定義（永久失去資本和達成財務目標能力的可能性），來檢視高風險股票的表現又是怎麼樣的。

扭曲投資行為的波動性風險

在上一章中，我們討論到多樣性可以如何抵禦風險，而我們必須明確地認知：只持有一檔股票是極具風險的行為。根據摩根大通（J. P. Morgan）的數據，自1980年以來，有40％的股票都經歷過「災難性損失」。而所謂的災難性，意味著該檔股票的價值跌幅達到或甚至超過原有價值的70％。

但是，當我們將這些充滿風險的個股加入一個多樣化的投資組合中，會發生什麼事呢？經濟學家席格爾（Jeremy Siegel）在《長線獲利之道》（*Stock for the Long Run*）一書中指出，自1800年代至1992年間，以每三十年為一個連續週期來看，股票的表現都優於債券和現金。如果以連續十年來看，股票有80％的時間都是超越現金；

另外，就連續二十年的週期來看，股票也從未輸過錢。因此，根據波動性而被定義為低風險的債券和現金，多數時候其表現甚至未能跟上通貨膨脹的速度。

對於此種扭曲的邏輯，席格爾認為，「在任一給定的二十年週期內，你絕對不會因為股票而輸錢，而債券的獲利（在扣除通膨後）根本就只剩下一半。因此，哪種資產的風險事實上更高呢？」在過去連續三十年間，股票在扣除通膨後，平均獲利為7.4%，與此同時債券卻僅能勉強跟上，獲得1.4%的回報。我不確定你會如何看待一個總是持之以恆、且平均每年的表現都能勝過別人五十倍的資產類別，但我個人是絕對不會用「高風險」來形容它。

另一個以波動性來定義風險的危險，則在於此觀點會讓我們陷在市場波動中，而無法專注於自己的長期目標。再重申一次：如果你每天盯著股票的走勢看，那確實是非常嚇人的。行為投資專家戴維斯（Greg Davies）曾說過，如果你每一天都檢查自己的帳戶，那麼有41%的時間裡你將會感受到賠錢的滋味。考量到人類因為賠錢所感受到的痛苦是贏錢所感受到的快樂之兩倍，這將是多麼可怕的體驗啊！但如果每五年才看一次，那麼你只會有12%的機率感受到輸；至於那些十二年才檢查一次的人，他們連

一次輸錢的體驗都不會有。十二年聽起來似乎很久，但對多數投資人而言，他們終其一生的投資經歷將為四十至六十年。

將波動視為風險化身的作法，將讓我們因為未知且毫無意義的日常波動驚慌，從而放棄了長期累進財富的可能。在談論到此種謬誤時，基金經理人郝爾德（Tom Howard）如此說道：「諷刺的是，你明明想建立長期投資組合，卻老是盯著短期波動性，而這麼做勢必會讓投資風險增高。」

長期投資需要一個符合長期意義的風險評估方法。根據更適當的時間軸來思考，以股票作為主要獲利手段的投資組合，無論就何種意義來看，都能以極低的風險帶給投資者絕佳的獲利。

思考風險控管中最重要的事

出於直覺，多數投資者都明白風險管理的重要性，但僅有少數的人明白「管理失去」的重要性，遠高過於追求成功。如同霍華‧馬克思所說的，「在整個投資生涯中，多數投資者的成敗將取決於他們賠了多少次、做得有多

差，而不是他們贏了多少。嫻熟的風險控制才是評斷出色投資者的最佳指標。」

　　儘管這件事是如此重要，但投資風險的某些特質，讓管理這件事變得更難。首先，風險完全存在於未來，而我們也已經明確知道人類確實不太擅長預測沿途上可能發生的事物。至於第二個難處，則在於我們鮮少能明確得知自己的風險管理到底產生了何種效果。

　　試著想像一名天氣預報員預測明天的降雨機率為80%，並建議你最好帶把傘出門。儘管我們通常不會這麼想──但明天還是有可能「不會下雨」，且天氣預報員的預測確實也沒錯。畢竟，他只是說有八成的機率會下雨，就算可怕的暴風雨沒有降臨，他給的機率仍舊是準確無比。因而在沒有「這件事永遠不會發生」或「這件事一定會發生」的情況下，我們很難知道自己在風險管理上的苦心經營是否得到回報。

　　風險既會決定我們是否獲得豐碩的回報、卻又無法憑肉眼覺察，那我們到底該怎麼辦？彼得‧伯恩斯坦在《風險之書》（*Against the Gods*）中，給了我們一點線索，而這條線索或許是現階段針對金融風險，我們所能得到的最全方位思考。伯恩斯坦建議，「風險管理的本質，就是將

那些對於結果，我們還能握有某種程度控制權的區塊最大化，並將那些我們完全無法控制的區塊最小化，而成效與原因之間的關聯，我們無從得知。」

在風險管理上，我們從「可控制項」著手。透過伯恩斯坦的警告，我們再一次發現以波動為基礎的風險量測方法，是如何地不足。Beta值——或股票相較於標準所出現的波動性，會隨著時間改變，且幾乎無法給予我們任何可依靠的事物。相反的，較基本的因素能給予我們更符合邏輯與經驗法則的證據，並以更貼近股票本質的角度（實體公司的部分所有權）去理解風險管理，而不是看著螢幕中一個不停跳上跳下的點。當我們越可以用此種角度來理解投資，就越能感知到潛在的風險。

而其中一個基本考量點，就是我們為一間公司所付出的價格。我必須強調：**最大的風險就是以過高的價格買進一檔股票，無論該公司是多具吸引力的品牌**。在我寫作的此刻（2015年12月），今年最搶手的兩檔熱門股為Amazon和Netflix，而這兩檔股票的回報率皆超過100%。最近，我剛完成了自己的聖誕節大採購活動，而多數交易都是透過Amazon的網站來完成。此外，我本人也是Netflix最虔誠的長期用戶，更是電視重度成癮者。

儘管如此，對於這兩個大幅提升我生活幸福度的公司，我卻連一張他們的股票都沒有，只因為這兩間公司目前的交易價格已經達到該公司收益的九百與四百倍。

在面對任何一間公司的投資風險時，我們不應該也不能將它與該公司的實際價格切割——適當的評估為風險管理的核心重點。自1950至2007年，價值股的表現超越了熱門股和更廣泛的市場基準，且波動性更低。無論是透過傳統或行為上的風險評估辦法，不要以過高的價格買進，都將是你最安全的一步。

為了進一步探索更多能讓我們審視並評估風險的基本面，讓我們用堪稱史上最美味的商店——住家附近的檸檬汽水店，來模擬投資決策。如果有人找你投資一家檸檬汽水店，你會向對方提出哪些問題呢？你或許會想先明白該產品的美味程度、獨門配方的突出性、毛利率、管理品質或檸檬的價格。你唯一不會提出的問題或許是：「該公司的價值隨著時間改變而出現的波動性有多大？」

同樣的，在評估購買任一檔股票的風險上，檢驗該公司的基本條件絕對比觀察外界那變幻多端的氛圍，來得可靠。我們可以透過類似以下的質量清單，來執行檢驗：

- 有過去的表現記錄嗎（一般來說超過五年）？
- 有任何正向的催化因子嗎？
- 該公司的領導者值得信賴嗎？
- 如果我可以買下整間公司，我願意買嗎？
- 該公司的產品或服務有相近的替代品嗎？
- 在時機不好的時候，該公司還能享有定價能力嗎？
- 在這個定價下，它還保有安全邊際嗎？
- 為什麼其他人沒有注意到這檔股票？
- 該公司是否依賴工會或是有利的監管條件？
- 該品牌能產生顧客忠誠度嗎？

　　這些問題能讓謹慎的投資者考量到所有潛在的陷阱，並對購買任一檔股票抱持著謹慎的態度。然而對於典型的華爾街人士來說，這些問題根本與風險管理無關。華爾街陷入一個錯誤且短視近利的模式下，而他們將風險視為數學簡化的缺陷，而他們的失誤將成為所有懂得風險真實定義的長期行為投資者，可善加利用的一點。

　　如果你認為我對「將波動性作為風險評估主要手段」的抨擊過於猛烈，也是因為我親眼目睹這件事對普遍投資及儲蓄大眾的傷害。就短期而言，波動性確實讓人害怕，

但當我們摸清楚它的本質後，就會發現它不足為懼。自1871年起，每五年之中就會有兩年裡，市場出現漲幅或跌幅超過20％的情況。波動性其實是一種常態而非例外，我們應該將其納入財務計畫之中，並透過多樣化來與之抗衡，而不是想盡辦法逃離。越快接受自己一生之中會經歷十到十五個熊市的事實，我們就能越快在適度掌控自己最大恐懼（沒有足夠的資金來實現理想人生的可能性）的情況下，進行投資。

為了替波動性伸冤，暢銷作家塔雷伯以一個每天準時下班、並在傍晚六點返家的男子為例。當這名男子沒能依照這個作息時間、按時回家時，他的家人就會開始擔心他是不是出事了——即便他只是遲了五分鐘。相反的，請想像一個每天會在六點左右（有時候是五點半、有時候是六點半）到家的人。非固定的到家時間，讓他的家人不會因為他遲到了一點點，就陷入驚慌。唯有出現顯著的時間改變，才會讓他的家人開始擔心。

堅持某件事物的一致性，反而會矛盾地使該事物看上去更不穩定，而「彎而不折」的方法在時間的催化下，更能帶來強力的效果。塔雷伯指出，就如同我們施打病毒在自己身上以培養出抗體，要想擁有真正安穩的投資生涯，

我們就必須擁抱波動性。「沒有波動性就沒有穩定性，這是人生其中一個不可切割的配套，」他說。

如同家人下了班回到家一樣，對長期投資者而言，股票也會一如既往地「回家」（儘管這個範圍比較窄）。對於那些緊咬著確定性不放的人，在股票投資之外確實還有少數幾個可行的選擇，但這也意味著必須冒著失去購買力、或甚至無法滿足我們未來最基本經濟需求的代價。波動性絕非風險的代名詞，而是行為投資者在憑藉些許的勇氣與耐心後，能獲得豐碩回報的辦法。

行為校準怎麼做？

思考：「對我自己的長期財富創造而言，『我』就是最大的風險來源。」

問：「我是否控制了『可控制』因素？」

做：藉由審視你所投資的公司是否穩定且絕對不要以過高的價格買進，來做到真正的風險管理。

行為投資金律的實戰運用

　　在我下班回家的路上，必須經過一條蜿蜒起伏的小徑，而那條小徑就是釋放我一整天下來所積累壓力的最佳辦法。如同多數人一樣，我往往也是在或多或少有些心不在焉的情況下，開車回家。然而最近，一起油罐車翻覆事件導致四線道都無法行走，而這也導致我不得不打破慣例。在尋找新路徑的途中，我經過了當地規模最大且人潮洶湧的醫院。

　　正好從兩棟主建築物中間和一條連接兩側建物的單軌鐵道上經過的我，瞥見了自己不曾預期到的場景。在鄰近的停車場裡，有十三位醫療專業人員在抽菸——包括醫生和護士們！那些應該立刻捻熄手中香菸、回到診間告誡病患不可以吸菸的人們。我非常確定這十三個人對此事的了解一定遠超過我，但他們還是無法克制自己。對於這種行為的官方名稱，就叫做「知行落差」（knowing-doing gap），但無論你想怎麼命名，總之這麼做實在太不應該了。

藉由分享各種當你在規劃自己的財務生活時可參考的研究、例子和概念，我試圖替所有讀者接種「壞投資行為」的預防針。但由於我跟你們所有人一樣，也有「知行落差」的傾向（才剛健身完的我吃了一條巧克力），因此我明白光有這些規則是絕對不夠的。倘若光有知識和意志力就能成功，我們每個人現在肯定都很苗條，而萬寶路（Marlboro）公司大概明天就會關門大吉了。

　　既然光有知識是不夠的，那麼我們所能做到最重要的兩件事，就是掌控自己的行為，並尋求幫助。藉由決定自己的行為（金律一），你明白就算自己控制不了希臘的經濟，你還是能決定自己每個月要存多少錢、花多少錢並將眼光放長遠。而獲得外界的幫助（金律二），能協助你去執行前述所提到的所有行為金律。我必須真心誠意地再次強調，如果沒有適當的協助，就算讀過所有關於投資的書籍，我們仍舊可能展現出極差的投資行為；畢竟弔詭華爾街世界的牽引力實在太過強大了。

　　在一個少即是多、少數人遠比多數人聰明、未來比現在還更加確定的世界裡，事情永遠都看起來都不大合理，但這並不意味著我們只能抱著低回報率過活。在這個本質上就像是「瘋子培訓班」的世界裡，這些金律將是讓我們

保持理智的救生索。

　　現在，我們即將繼續進入本書的第二部分，討論該如何善用第一部分中所討論到的人類非理性怪癖，制定一套理想的投資程序。

打敗90%專家的行為投資組合

如何將前述的10大行為投資金律,

結合風險管理模型,百分之百地運用在實戰之中?

歷史不會重演，卻會如同韻腳般不斷再現。

——馬克‧吐溫

　　值得再次重申一遍：預測你投資成功的最好指標，就是看你對本書第一部分所探討的行為金律，付出了多少實踐上的努力。現在，雙手已經掌握著穩健投資行為的你，確實可以停止閱讀，踏實地將這些原則一一實踐，並打敗90％的專業投資者，更別提過去的同儕們。

　　然而，能幫助精明投資者強化報酬率的方法，不僅僅有行為管理而已。在增進投資組合回報率方面，心理學也扮演了不可或缺的關鍵角色，當我們將其與第一部分所推薦的理智行為結合後，就能成為一套戰無不勝的必殺技。在第二部分中，我闡述了行為風險管理的模型，以及該如何選擇證券，使其成為資產管理防護網的一環，發揮如同第一部分行為金律所帶來的效果。我將此種制約行為風險的模型，稱之為「規則導向投資」，或RBI（在基於對棒球與極簡主義的熱愛下）。

　　打從這個部分的一開始，字裡行間讀上去讓人感到有些陌生，為了將你對之後內容的期待拉回到較現實的層面，請容我現在就告訴你：這將會是一趟艱難、無趣且看

似跳不出常識範圍的旅程。透過一個來自行銷世界的例子，我們得以理解當我們發現在那些看似複雜的事物中並不存在著魔法時，是一件多麼令人苦惱的事。

故事是這樣的：聯合利華（Unilever）曾經想在亞洲市場上推出一款洗髮精，而當時一名淘氣的行銷人員在這款新產品的標籤上增加了「包含X9因子」（X9 Factor）的字眼。而聯合利華的執行階層並未留意到這條關於不存在成分的描述，因此，上百萬瓶印著驚人（但不實）宣稱的洗髮精瓶子，就這樣被製造出來了。然而，聯合利華並沒有選擇發布代價高昂的召回公告，而是讓產品繼續流通，並打算等到生產下一批洗髮精時，再將這個虛構的成分去掉。在聯合利華尚未將X9因子從瓶身去除之前，他們收到了大量來自顧客的抱怨，宣稱新款洗髮精讓他們的頭髮不再閃亮、或該品牌洗髮精的效果變差了！

早在很久很久以前，華爾街為了向投資者兜售不存在的X9因子洗髮精，總是刻意將相較之下較單純（但絕不容易）的程序複雜化。在你閱讀本書的第二部分時，你會發現自己有時候會忍不住對某些概念抱持懷疑的態度，而這些懷疑往往是基於那些概念實在過於簡單。如同童話故事《綠野仙蹤》中，走到黃磚路盡頭的桃樂絲，你或許會

很傷心地發現根本沒有所謂的華爾街巫師，只有一個使用煙霧和鏡子的矮小老人。但就如同桃樂絲一般，你發現放掉虛無縹緲的期待，能讓我們更依賴自己，並專注於那些真正重要的行為。

在稍後的章節裡，你將學到一套能讓自己持續做好投資的簡單方法。聽起來夠容易了，不是嗎？事實上，並非如此。而這件事之所以如此困難的原因，就在於身處在華爾街這個世界裡，有時候當你明明做了「對的」事情，並不會在短期內獲得好的結果。而「錯的」行為有時反而更能讓我們立刻獲得人人稱羨的回報。想想因為《魔球》（*Moneyball*）一書，而聲名大噪的迪波德斯塔（Paul DePodesta）所說的故事。這則故事就放在他的「這或許很危險」（It Might Be Dangerous）部落格文章中：

許多年前的某個禮拜六晚上，我在人潮洶湧的賭城裡玩著二十一點。當時，我是第三順位玩家，而坐在第一順位的玩家表現得實在有夠差勁。他非常明顯地一直去要免費的飲料來喝，而且每過了二十分鐘左右，他就會伸手到口袋去掏現金。

在某個回合中，這名玩家頭兩張牌共拿到了十七點。

荷官正準備處理下一副牌時，這名玩家阻止了她，並說：「我還要加牌！」荷官停了一下，似乎有些同情地問道：「先生，你確定嗎？」他說是的，於是荷官給了他一張牌。毫無意外地，那是一張四。

所有人都瘋狂了，相互擊掌，各種歡呼和叫囂聲此起彼落，而你猜荷官說了什麼？荷官盯著玩家，真心誠意地說：「加得好！」

我心想：「加得好？或許對賭場來說這張牌確實加的好，但對該名玩家來說，加牌的行為簡直是蠢斃了！即便獲得了好結果也無法反過來說這個行為就是對的。」[1]

關於迪波德斯塔這個故事所闡述的道理，我簡化成一句話——就算做對了你依舊是個傻瓜。你或許認識某個因為將身家壓在某檔股票上而大賺一筆的朋友。儘管結果如此美好，但你的朋友依舊是個傻瓜。或許你曾經在股市即將大跌的瞬間，緊急抽身逃離股市。恭喜你，但你依舊是個傻瓜。

1　迪波德斯塔，〈選秀預覽——關於流程〉（Draft Review- About Process），
　　itmightbedangerous.blogspot.com，2008年6月10日，該部落格目前已關閉。

我們這一生出色的投資成果，絕不可能建立在對運氣的預測上，而必須構築在可應用於好時機、壞時機的系統性辦法上，且絕對不能因為不符合長期最佳實踐的時下流行，就任意更動。

如同賭場，無論在何種情況下你都該堅持自己的原則，了解你只需稍稍靠向些微有利於自己的概率，最終就能獲得無與倫比的回報。如同格雷（Wesley Gray）博士在《計量價值的勝率》一書中所說的：「計量化投資的力量，就存在於無止盡地利用優勢之中。」如同圖6的賭場勝率所展示的，即便是小小的邊界，只要持續探索，也能獲得令人驚訝的回報。賭場之所以能持續的贏錢，並不是因為擁有什麼巨大的優勢，而是透過良好的行為與對邊界永無止盡地探索。這就是RBI的基本假設。

圖6 賭場持續利用的小優勢

賭局	賭場優勢
輪盤（雙零）	5.3%
花旗骰（Craps，不下注／下注）	1.4%
二十一點——每位玩家	2.0%
二十一點——基本策略	0.5%
三張撲克（Three Card Poker）	3.4%
吃角子老虎	5%至10%
電子撲克（Video Poker）	0.5%至3%

經濟學家布雷利（Richard Brealey）曾說，一個策略需要累積二十五年的經驗，我們才能握有95％的確定性，知道該策略是否有顯著的機率可締造出優異的表現。有鑑於對絕大多數投資者來說，二十五年已經是投資生涯中為期不算短的時光，我們很難去責備人們居然想追著報酬率跑，情願相信時下最流行的（馬後砲式偏誤）行為，而不是依賴和諧一致的投資管理系統。如同康納曼所說的，這種偏誤會「導致觀察者根據一項決策所帶來的結果好壞、而不是程序的正確與否，來評估該決策的質量。」

　　既然我們沒有二十五年可浪費，你必須決定一個策略在本能與經驗法則上，是否可行。我深信接下來的內容不僅在思維上符合邏輯，還有最穩固的實踐經驗。跟隨這套程序的腳步，並不意味著總是能獲得最出色的結果，但真正能奠定此套程序長期效益的地方，就在於那些市場表現不佳的時刻與在這些時刻下、其他投資者所出現的心理干擾。一套能在所有時刻發揮效果且不需要花太多心力、就能坐收漁翁之利的程序，勢必很快就會因為所有買家都搶著使用，而淪為失去效力的擁擠交易。

一套在短期或許會蒙受些許損失或表現不佳、但長期下來能讓人收穫累累的系統，正是矛盾地透過該系統自身的不完美，來維護自己的有效性。如同拿到十八點就拒絕再加牌的二十一點玩家，只要做對的事情，遲早會獲得合理的回報──即便這意味看著荷官將三點發給了對面的玩家。

在介紹這套程序之前，我們應該先從資產管理白皮書下手，去理解當前資產管理的處境。具體而言，我會同時檢驗主動與被動型投資方法的優點與缺點，並提出一個兼具它們的強項、並簡化其弱項的模型。

優化你的《資產管理白皮書》

被動型管理：打安全牌的危險性

　　「被動型投資管理」的本質相當簡單，就是一種仿效市場指數（例如S&P 500）來打造基金投資組合的方式，或至少是企圖仿效某個指數的表現。就理論角度來看，被動型投資是立基於「有效市場假說」（Efficient Market Hypothesis，簡稱EMH）之上。EMH認為市場能快速且有效地將所有資訊反應到價格中，因此費心挑選股票是一件徒勞無功的事。畢竟──如果價格隨時隨地都是正確的，我們又何苦要做研究呢？

　　然而，行為學投資者明白歷史告訴我們的是一個關於

價格錯位、難以捉摸且深具意義的故事。如同巴菲特對有效市場假說的看法：

　　該學說（EMH）變得極受歡迎——確實，在1970年代幾乎成為學術圈的聖經。就本質而言，該學說認為股票分析是毫無意義的事，因為市場上的所有公開資訊都已適當地反應在股價上。換句話說，市場永遠處於無所不知的狀態。為此，教授該學說的學者認為一個用丟飛鏢來決定股票投資組合的人，其獲得的回報就跟努力工作的證券分析師所選出來的投資組合一樣。令人吃驚的是，該學說受歡迎程度並不限於學術圈，許多專業投資者與企業管理者也信奉此一學說。在觀察到市場多數時候都處於有效狀態後，他們錯誤地定論市場總是有效的。而主張與現實間的差異程度，就猶如白天之於黑夜。[1]

　　由於被動型管理捨棄了花費高昂的研究與搶手經理人，因此與主動型管理相比，採取被動型投資法的開銷往

1　格雷和卡萊爾（Tobias Carlisle），《計量價值的勝率》。

往較為便宜；這對投資者來說，是極大的好處。既然其他條件都是一樣的，那麼投資者就可以精簡交易成本，將錢全部花在基金投資上，長期下來將省下一筆極為可觀的費用。

圖7展示了交易成本所帶來的顯著負面效果。這張圖假設一名每個月存500美元、每年再將這6,000美元用於

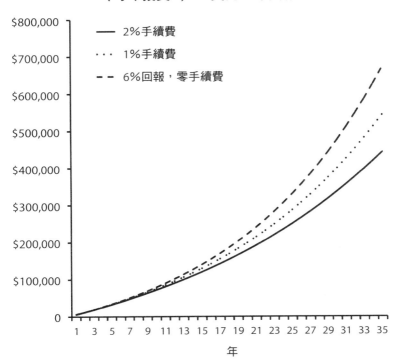

圖7 手續費在三十五年投資期間內的複合成長結果（每年投資6,000美元，年回報率為6%）

— 2%手續費
··· 1%手續費
-- 6%回報，零手續費

回報率為6％投資項目的投資者，其三十五年內的變化。在零手續費（或許有點不切實際，但更能顯現差異）的情況下，該名投資者的帳戶成長到67萬美元。而手續費分別為1％和2％的投資者，其最終金額則分別為較少的54萬和44萬美元。2％的費用在三十五年內，驚人地成長為23萬美元。這張圖表的訊息再清楚不過：費用自然是愈低愈好。

更重要的是，被動基金的優點不僅僅是便宜而已，它還能持續擊敗主動型基金——而且是在你任意給定的時間框架之下。只需瀏覽SPIVA Scorecard[2]的報告，就能看出主動型管理者和他們的被動型對手間的差異。在五年和十年期間內，分別有89％和82％的大型基金管理者的績效輸給被動型投資（而且還是在扣除手續費之後）。而向來被認為價格較不有效，因而更適合主動型管理方法的小型資本股票，其結果更為慘烈：在過去十年間，88％的小型資金管理者都輸給了被動型投資方法。

憑藉著微乎其微的手續費和令人驚豔的回報率，也難

2　譯注：SPIVA為S&P Indices Versus Active的縮寫，該報告由標普指數編製公司彙整編撰。

怪巴菲特等眾多投資者皆認為被動型投資是散戶投資客的最佳選擇。但是，這個聰明的投資辦法是否也有其缺點呢？有的，請繼續往下看。

▍錯誤的投資框架

如同建築物的穩定性必須仰賴強健的根基來支持般，確保投資方法穩健度的最好方式，就是構築在一個能強化它的理論之上。但就有效市場假說而言，此一根基卻有些搖搖欲墜。

透過整個金融史，我們得以知道EMH理論的核心思想——「價格總是正確」，是一場可笑的錯誤。歷史上第一次記錄下來的金融泡沫出現在四百多年前，當時單一商品的交易價格飆漲到一名技術勞工年薪的十倍。根據歷史紀錄，當時此一商品的交易價格，有時候甚至等同於十二英畝優良農地的價格，或可以直接換到一幢可供一家人居住的房子。

你問：是什麼商品如此珍貴？答案是一株鬱金香花球。在現在被我們稱之為「鬱金香狂熱」的事件裡，荷蘭人認為鬱金香所具有的獨特性可以讓其價格永遠不會下跌，而這種花的價格也因此不斷地被拉高。如果在一場狂

熱中你見到一名駑鈍的經濟學家高聲疾呼「價格永遠是對的」，你就會明白他們為什麼願意用一幢房子來交換你手中的一株鬱金香球莖。

但價格與基本價值嚴重脫節的情況，並不是某種現代人絕對不會遇上的歷史傳說。就在不久前的1998年，網路新創公司eToys.com，總市值為80億美元，營收為3,000萬美元，盈餘卻為負的2,860萬美元。與其最接近的公司——玩具界「最無趣」而資深的「玩具反斗城」，其營業額為前者的四十倍，更具獲利能力，但總市值卻僅有前者的四分之三。

這兩家公司之所以出現如此巨幅的鴻溝，就在於投資者對於當時還很新穎的「網路」概念所抱持的激情。當然，玩具反斗城也會在自家網站上販售玩具，然而沉浸在「線上新創公司能帶來無止盡獲利」此一概念下的瘋狂投資者，根本看不穿這個泡沫。在狂熱的氣氛下，傳統指標例如獲利能力和營業額，被不切實際的幻想所遮蔽；而最終，這些虛無縹緲的幻想被冰冷的經濟現實所擊破。就在網際網路泡沫的尾聲，eToys宣佈破產，並在2009年被玩具反斗城併購。

有鑒於EMH其中一個最基本的假設已被證實為錯，

那麼認為那些根植於此一理論基礎之上的投資方法存有進步空間，也是極合理的想法。傳奇投資人葛蘭特（Jim Grant）曾幽默地說道：「認為股票價格純粹由獲利所決定的想法，就像是忘了人們曾經執著於燒死女巫的活動般。」

▋被動只是徒有其名

在聽到那些最虔誠的被動型管理信徒的理論後，你或許會以為這些投資者所追蹤的指數都是透過一系列不容置疑程序所挑選出來的產物。然而，被動型指數如 S&P 500 所隱藏的不可告人小祕密，就在於它們一點都不被動。標準普爾指數的組成方式，就是透過挑出「各產業下最優秀公司」的方法，締造一支可反映更宏觀美國經濟狀態的股票軍團。阿諾特（Robert Arnott）在《基本面指數投資策略》（*The Fundamental Index: A Better Way to Invest*）一書中如此形容道：

該過程是很主觀的，並非純然奠基於規則，更沒有公式化。有許多人爭論 S&P 500 根本不是一個指數──這是一個由某個委員會所挑選出來的主動型管理投資組合，且這些委員會成員的資格是如何篩選出來的，至今依舊是個

謎！且在近期所出現的刪、減動作中，我們還可以觀察到
明顯的偏見……其結果讓我們看到S&P 500傾向於新增
「受歡迎」、或近期表現良好的股票，而不是近期表現不佳
但有成長空間的股票。

簡而言之，金融指數是一個在人類積極干預下所誕生
的產物，也因此免不了受到那些困擾著所有投資者的偏見
所影響。

為了顯示這種主觀因素所帶來的毀滅性影響，阿諾特
也探討了近年來該指數所進行的某些改變。在1995年，
S&P 500增加了三十三間公司，而其中僅有四家是來自於
以科技股為重的NASDAQ指數。然而，到了科技股狂熱
最為鼎盛的2000年，在S&P 500新增的五十八間公司之
中，有二十四間是在NASDAQ發行的科技股。除此之外，
該委員會捨棄了其內部對於新增某檔股票所需吻合的章
程，好讓那些受歡迎但不具有獲利能力的公司例如美國線
上（AOL）等，可以被加到指數中。在理性規則被忽視的
情況下，S&P 500的委員們積極地在「被動型」指數中增
添項目，且剛好趕在那些被新增的科技公司遭遇災難性損
失之前。

而那些委員們的傲慢自大，讓所有投資者蒙受了極為嚴重的損失。在2000年3月至2002年3月間，股票平均成長了20％，但以科技股為重的S&P 500卻損失了20％。由一群資格不明的委員，根據不明規則來決定哪些股票可以加到投資組合中的情況，就跟由一名共同基金管理者根據鬆散的邏輯來決定增加哪些投資項目的作法，本質上沒什麼區別。基於此一觀點，被動型投資機制或許不如你所想像的被動，且同樣可能讓你受到以追逐報酬為主的主動型投資影響。

▌行為失靈

隨便問一個走在路上的人對於投資的認識有哪些，對方很有可能會輕快地告訴你：「買低，賣高。」而被動型投資的最大問題就在於：它系統性地違反了此一最高原則。被動型方法所追蹤的指數往往採取資本加權，而這意味著一間公司股票的總市值越高，其在指數中所佔的比例就越高。如同阿諾特所說的：「採取資本加權的指數基金概念是有缺陷的。因為我們對任一公司所進行的投資規模與該公司的股價相關，而資本加權的投資組合導致價格過高的股票被過分放大，而價格過低的股票被過分低估。」

而當股票價格逐漸升高導致其購買吸引力下降時，在資本加權指數的架構下，這些高價股的力量反而成長。與此同時，那些因為價格下跌而意味著購買時機或許已然成熟的股票，其吸引力反而消失了。因此事實上，指數投資鎖定了一個與我們理想觀點完全相反的立場，導致我們進行著買高賣低的行為。

長久以來一直被視為最適合散戶投資人的指數投資，在其核心深處存在著致命的行為病灶。購買一檔如S&P 500這樣資本加權的指數，就意味著在2000年的時候，讓自己手中握有近50%的科技股；而在2008年的時候，握有近40%的金融股。而「指數化」雖然可以幫助我們抵抗某些行為傾向（例如分散不足或出價過高），但它也會形成其他的規律。

投資行為學必須建立在最佳的指數化投資之上，關於指數化我們有很多可以仿效的地方，但也必須改善其過分看重資本龐大、昂貴（且歷史證明往往是表現最差）股票的傾向。

▌人人都在同一艘船上

我在寫這本書的時候，正值2015年末，也是一個有

近三分之一的資產都朝著被動型方法移動的時刻。被動型投資徹底且持續地擊敗主動型投資，且還能以極低的成本達成如此出色的績效。因此毫無意外地，今年的資金自然是大舉移往被動型投資上。

但如果我們能記取金融史的教訓，就能明白眾望所歸的共識往往會引發惡果。如同分析師泰斯克（Aaron Task）在其深思熟慮的部落格文章〈墜落之前的傲慢：指數化版本〉（Pride Cometh Before the Fall：Indexing Edition）中所說的：「當『所有人』都知道某件事時，或許意味著現在是你朝反方向移動的最好時機。而現階段『所有人』都知道的，就是最棒、最聰明的投資方法就是指數基金。」

另一位針對指數投資提出警告的傑出投資專家費爾德（Jesse Felder），則表示「『被動型投資』最終將成為其成功之下的受害者。過去十五年間大量移往指數基金的趨勢，導致最大指數的獲益率只會繼續下降。而差勁的獲利則會反過來導致這些流入的資金，再次轉向流出，讓良性循環轉變成惡性循環。」就如同塔雷伯所說的，「我們一直想辦法削弱經濟、健康、政治生活、教育、近乎一切事物……試圖超越隨機性與波動性……這就是現代的悲劇

——如同保護心態過度旺盛的父母，那些意欲給予幫助的卻往往傷害我們最深。」

指數基金之所以表現如此出色，在於它們能做到適當程度的多樣化且交易成本低廉，但由於它在某些方面沒能符合那些已知為「有效的辦法」，使其獲利能力無法發揮到最大。如同巴菲特對指數投資等EMH投資法所發表的看法：「在任何一種智力競賽如西洋棋、橋牌、股票選擇中，還有什麼比對手被灌輸『思考簡直是浪費精力』的情況，能給予我們更大的優勢呢？」

只需要再精進一點點的思維和應用方法，多數投資者就可以利用歷史教予我們的教訓來提升回報，同時避免陷入在指數化投資下，過分加重那些股價膨脹且定價過高公司的傾向。證據已經毫無保留地告訴我們，被動型指數化投資是非常棒的投資方式，但藉由消滅其系統性的行為偏誤，我們還能讓它更上一層樓。

主動型投資未能兌現的承諾

如果說指數化投資的目標是仿效市場基準，那麼主動型投資則可以被視為一種企圖超越「典型市場基準」的投

資風格。主動型投資表面上的優點在於它不僅具有超越市場回報率的潛力，還能同時達到管理風險的好處。然而，有些主動型管理者確實能達成這個雙重目標，有些卻沒能做到。就如同吸菸或攝取加工肉製品般，在過去二十五年間，主動型資金管理的名聲變得愈來愈差。儘管某些原因似乎有失公允（例如對高頻率交易的無盡煩惱），但主動型管理的聲譽之所以如此差，確實有其原因。

主動型管理的最致命缺點，就在於還未將管理費納入考量之前，這就已經是一場零合博弈，而這也意味著平均而言，主動所產生的效果只會更差。就如同大聯盟所有球隊的平均勝率為五成，所有主動型管理者的績效表現平均起來、毫無意外地，就是平均值——而且還是在扣除交易成本之前。而此一道理正是主動型管理批判者最常攻擊的一點，後者往往還會自鳴得意地說：「這不過就是很簡單的數學。」

但是阿諾特認為，「主動型管理者無法利用定價誤差來取得高於市場的表現，並不能用來證明這些定價錯誤其實很小，畢竟表現平均的主動型管理者獲得平均成果，也是意料之中的結果。」正如同所有職棒球隊的平均表現即便很普通，卻也無損於一場球賽的精彩程度般（而且說到

底，每年總還是會有一個球隊贏得世界大賽的冠軍），基金管理者的普通表現不應該成為我們選擇特定投資方式的唯一原因。未能取得超越市場成績的事實，只說明了主動型管理在整體上所遇到的結構性問題，並不能作為指責某一主動型基金管理者的原因（下一次當你又聽到「這不過是簡單的數學」批評時，不妨想想這點）。

試圖實現出類拔萃績效的基金管理者，打從一開始就帶著兩個極大的不利條件——交易費和管理費。畢竟獲得哈佛大學財務工程的博士生，可不是免費替你服務的！如同《基本面指數投資策略》所引用的數據指出，這兩個不利條件造成的影響非常巨大，甚至會導致主動型管理者的年回報率減少0.5％至2％的程度。或許少少的2％聽起來不足掛齒，但我們必須了解：本金10萬美元的投資，以每年10％的報酬率累進，可在三十年後成長至174萬美元；而同樣一筆投資在扣除2％的回報率後，同一時期卻只能成長為100萬美元。

另一個干擾因素則在於每年都有許多主動型管理者結束基金運作，而這些情況或許不會出現在績效成績中。根據一份由阿諾特、貝爾金（Andrew Berkin）和葉佳（Jia Ye）所進行的調查發現，如果將失敗的基金納入績效考量

之中，主動型基金每年的回報率甚至可能再減少2%至4%。[3]再一次帶入前述的例子：這意味著如果每年的回報率為6%（每年10%的回報率扣掉4%表現不佳），那麼最後你只會得到57萬4,000美元——這是多麼高昂的代價啊！因此，在明白手續費和交易成本所具有的侵蝕性後，行為投資者會試圖避免這兩個悲劇的發生。

當我們看到主動型管理者展現出紀律良好且精明的一面時，很少會有投資人吝於給予他們薪水，但研究告訴我們，即便是專業經理人也有可能犯下你我都會犯的低級錯誤。艾利斯在《投資的奧義》中指出，「由專業人士所管理的基金往往在市場漲到最高點時，現金持有量達到最低，並在市場降到最低點時，現金持有量達到最高。」就跟我們一樣，當股價漲到最高點的時候，他們貪婪地買進，並在股價跌到極為誘人的時候，出於恐慌而趕緊脫手。還真是謝謝了、感謝你們什麼忙都沒幫上！

除此之外，研究還告訴我們，想要篩選出良好的基金

3　阿諾特、貝爾金和葉佳，〈1980至1990年代間應納稅投資者的表現狀況有多好？〉（How Well Have Taxable Investors Been Served in the 1980's and 1990's?），First Quadrant，2000年。

管理者，是一件極為困難的事。波特諾博士引用數據，告訴我們僅有5％的職業基金管理者，能拿出優異的操盤成果。[4]如果連那些以挑選出贏錢策略來獲取高薪的專業人士，都無法拿出亮眼的成績，我們又有什麼機會可趁呢？行為投資者不可不知的教訓就是：我們必須盡可能自動化投資程序，以避開在挑選人或程序時，可能出現的偏誤。否則就像是不相信眼前種種證據、執迷不誤地深信專業基金經理人就是能逃脫人類與生俱來的偏見般。

近期，主動型管理者儼然成為大環境（聯準會的寬鬆貨幣政策、正在從經濟衰退的陣痛中恢復過來）的替罪羔羊，但上述我們所討論到的趨勢，確實普遍存在且由來已久。如同《華爾街日報》的茲威格所說：

儘管我們許多人都聽過且還有許多人熱切地相信著，但這並非過去幾年窄市（narrow market）下所造成的暫時性後遺症。在1974年年中往回推的十年裡，有89％基金經理人的績效輸給S&P 500。而在1964年往回推的二十

4　波特諾，《投資者悖論》（*The Investor's Paradox*）。

年間，多數基金的表現都低於市場110個基點。就連在1929至1950年間左右，沒有任何一檔共同基金的表現能超越S&P 500。時期任你選，總之結果都會叫你失望。

只不過，部分知名主動型基金管理者將行為金融學的見解，融入到自己的程序之中，他們的作法讓我深受鼓舞。許多證券商和資產管理公司，例如Brinker Capital、瑞銀集團、貝萊德投信、巴克萊銀行、美林證券、安聯、摩根大通等，打造了一整支行為投資團隊，以提升交易上的表現和給予建議。儘管他們確實取得了某些進步，但許多主動型基金經理人已經有好一陣子都沒能發揮出好的表現，而這絕大部分的原因就在於他們未能察覺到自己也具備了人性缺陷。他們過度交易、收取高額費用、成為情緒陷阱的獵物，且沒能將自己和被動型方法徹底區隔開來（這一點我們稍後就會探討）。

對於主動型管理方法的兩個優點——利用行為上的錯誤定價和保護投資者遠離毀滅性損失，我依舊深信不疑。但唯有深入了解投資心理學，才有可能實現這兩個優點。要想將主動型管理的精神發揚光大，我們勢必得牢牢把握它原有的優勢：風險管理、績效、對行為偏誤的解釋，而

不是依賴虛假的承諾。

　　如同我們在前面幾頁所討論到的趨勢結果，投資界目前對於傳統上被視為主動型或被動型投資的看法，變得越來越壁壘分明。但在分別探討過這兩種方法後，我們知道雙方各有其優缺利弊。主動型管理讓我們得以期待優於市場的表現和風險管理，而指數化投資則減少了費用的支出且週轉率較低。有鑒於所有的投資都是主動的——包括指數化投資（除了真正的全球資本加權外），與其去進行語義上的爭論，不如思考哪些有用、哪些無用，並盡力善用每一個可為我們所用的優勢，這樣才更具意義。

　　出色的投資工具往往具有下列幾項特質：多樣化、低週轉率、低手續費和考量行為偏誤的存在。不可能成功的投資工具，則恰好相反：昂貴、不具備多樣性、高頻率地交易和沒有將「壞行為」納入考量。如果我們能將這兩個學派去蕪存菁，就能獲得一個代價適中的選項：一個既能將投資者行為納入考量、將交易成本最小化且試著超越市場成績的辦法。圖8展現了RBI是如何結合了主動與被動投資管理中最吸引人的優點。

圖8 規則導向投資（RBI）的優勢

	低費用	多樣化	超越市場的潛力	低週轉	偏誤的控制
RBI	✓	✓	✓	✓	✓
被動型	✓	✓		✓	
主動型		✓	✓		

Step by Step 控管 5 大行為風險

現在，你已經了解過去對於資產管理的討論，一直錯誤地被區分為被動與主動型兩種。然而，儘管這些討論對於華爾街的推銷員來說極具意義，但對於一般投資大眾而言，卻並非如此。

在我們理解被動型指數化投資也並不是純天然產物、而是由一群委員任意挑選出來的產品後，我們首先必須面對的最直接問題，並不是你是否屬於主動型投資者（你是），而是該如何有效地進行主動型投資。如果你天生就很主動，那麼你或許會很上手！不過，在我們回答「我該如何成為一名出色的主動型投資者」之前，我們必須先回答一個比較沒那麼性感、但同樣重要的問題——**在成為嫻**

熟的主動型投資管理者之前，我該如何避免自己失敗？

　　正如同好的防禦能贏得比賽、但只有四分衛能贏得少女的芳心般，風險管理決定了我們的績效，但只有超高回報率能贏得他人的目光。在你接受此一現實並選擇進一步研究以風險管理為主題的書籍時，你很快就會讀到投資會面臨兩種主要風險——系統性與非系統性。

　　所謂的系統性風險又稱為「市場風險」，亦即我們因市場大環境對某一產業特別不利而可能遭遇到的損失機率。系統性風險包括「不可抗力」因素例如自然災難等，此時多樣化無法提供任何實質的保護，因為在當海水退去的時候，所有船隻都會一起下沉。非系統性風險又稱之為「企業風險」（business risk），也就是投資個別證券遭遇跌價的風險。而此種風險可透過多樣化的方式來分散，在稍後的內容中，我們會再進一步探討。

　　只不過，你閱讀的教科書非常有可能會忽略第三種風險——**行為性風險**，然而這個風險的重要性，並不亞於它的手足們。行為風險就是當我們因為做出某些不當行為而永久失去資本的機率。系統性風險是「市場」的失誤，非系統性風險是「企業」的失誤，而行為性風險則是我們「個人」的失誤。

儘管絕大多數受過訓練的專業投資者，不會將行為風險視為投資風險的一大因素（受過學校教育的他們，擁有一套雙重風險的思維框架），但只要一旦提出來，他們往往也會同意此風險的重要性。我們很輕易就可以列舉出自己因為一個錯誤想法而導致災難性後果的例子。

　　倘若大眾對於此一模糊的概念已有明確的定義或框架，那麼我們現在就會處於一個完全不同的處境。但這是我們必須克服的困境，因為要想管理行為風險，就必須先定義出「什麼是普遍的行為風險」。

圖9　防禦行為風險的流程圖

Step1 定義

行為風險的範疇為何？

Step2 原理

我們該如何創造一個可最小化此風險的程序？

Step3 執行

我們應該在程序中增添哪些具體要素？

畢竟，如果連怪獸在哪裡都看不到，我們又該如何擊退牠呢？在我們明確了解行為風險的樣貌後，就可以將其應用在投資思維中，防禦壞行為的干擾，從而探討該如何選擇證券。透過圖9的流程，我們可以理解到一切就從風險開始。

為了著手處理因我們的錯誤邏輯而搞砸全部投資組合的種種方式，我們必須先從被某些哲學家稱之為「災難化」（catastrophizing）的活動開始。正如同「funner」不是一個真的單字般，「catastrophizing」也不是一個真正的字（儘管它應該要是）。災難化是一種動作，也就是我們的大腦過度地將所有可能發生的壞事放大。典型的例子看上去就像是如此：

我開始擔心自己會搞砸代數學的考試。考試滿簡單的，但一切就從這裡開始失控。「噢，糟了，」我開始驚慌，「如果我的代數學沒有考好，我就進不了史丹佛大學了。如果我進不了史丹佛，我就會讓我的父母蒙羞。如果我進不了史丹佛、而我的爸媽還因此恨我，我就只能搬到地下室去住了，然後去念那種野雞大學，每天晚上還要忍受著和奇怪的同學聚餐。這種壓力會導致我暴飲暴食，而這種

飲食習慣又會讓我開始冒痘痘，這也意味著我再也別想交到男女朋友了。這種可怕的循環會一直持續到我五十五歲那年以處子之身死在地下室、而且過分臃腫的屍體還需要用起重機才能從地下室吊出來為止。仔細想想，這一切都是因那場代數學考試而起。

朋友們，這就是非常經典的一級災難化思維！這種思維是一種適應不良的典型狀態，導致我們過度膨脹壞事發生的機率，忽視我們明明握有的眾多資源。但在我們試圖往考試身上強加過高的行為風險時，這個動作卻可能引發實質的效果。

不當行為（misbehaving）——在塞勒針對行為經濟學所講述的各式各樣生動故事中，勾勒出現行這個儘管原理簡單、卻極為有效的思維領域輪廓。對於自己所學到的有效市場學說抱持懷疑的塞勒，開始絞盡腦汁思索現實世界中的人類與理論中所學到的「經濟人」（總是追求效用最大化並做出理性經濟決策的虛擬人物），兩者之間到底有多大的不同。就這樣，透過一個極為簡單的思維實驗，塞勒釐清了一張「異常行為清單」，而這份清單不僅開啟了上千份以此為題的研究計畫，更讓我們深入了解凡夫俗

子到底是如何做出財務決策的。

　　儘管這份異常行為清單的發現與整理，可作為我們著手的第一步，但在缺乏更廣泛的組織框架下，它對投資者所能帶來的效果實在有限。此刻，這張清單告訴我們：在這麼多的情況下，我們都是不完美的，但這對實際做出改善方面，卻沒有太大的幫助。如同我們在泰國大赦犯人的故事中所學到的，一個缺乏解決之道的壞消息，很可能會進一步加劇事情的嚴重程度！

　　在受到塞勒那簡潔且優雅的方法啟迪下，我決定戴上自己的災難化思維面鏡，秉持著找出「人類的哪些行為，可能會對制定投資決策帶來負面影響」的決心，進行一場腦力激盪。我想出了近乎四十種行為，並以此為出發點，試著在各式各樣的不良管理中，找出常見的心理學根基，好將這些錯誤分門別類至可治療的常見群組之中。在進行這項計畫的過程中，我並沒有帶著這些資訊會演變成何種狀態的成見。最後，我得到了五種一致的行為風險：

1. 自我（ego）
2. 情緒（emotion）
3. 資訊（information）

4. 注意力（attention）

5. 保守（conservation）

我們所能做出的錯誤決定可謂無窮無盡，但所有的行為風險究其核心深處，都至少埋有上述其中一種風險因子。這種分類方法是本書所獨有的，也是發展「行為通達」（behaviourally-informed）投資管理程序的重要起點。在投資過程中，如果我們能熟知並擊敗這些行為風險，我們就能朝著「移除投資上的行為風險」這條道路安心前進。圖10展示了這五種行為風險的特質。根據這張圖，我將進一步深入探討這五種類別。

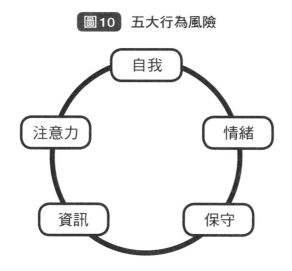

圖10 五大行為風險

Tips1：自我風險

　　所謂的「自我風險」，就藏在那些以「滿足自我能力得以施展」慾望的行為背後，且往往與理智決策背道而馳。最具體的例子或許就是最典型的自信過度，一種當我們引以為傲的想法受到挑戰時、所展現出來的自我防禦本能（又稱為逆火效應，backfire effect），或那種認為自己的參與能讓一項計畫更容易成功的念頭（此種效應也被極為貼切地命名為宜家效應，IKEA effect）[1]。

　　在投資項目過於集中、炒單和過度使用槓桿的行為上，我們都能見到自我風險的影子。但無論具體行為是什麼，其核心源頭都是一樣的：被過度呵護的自我在不適當地膨脹下，最終凌駕於良好決策制定之上。

1　譯注：逆火效應意指當我們的信念被對立的證據挑戰時，這份信念反而變得更強。而宜家效應則可解釋為消費者因其在投入自身的勞動與情感後，傾向於高估其所創造出來的物品價值。

▌自我風險的實例

● 支持選擇偏誤

盡可能放大既定投資方式的有利因子,並詆毀那些自己沒有採用的方式。

● 過度自信

認為自己所擁有的能力與知識,超過了實際所有。

● 確認偏誤

刻意尋求支持某些投資理論的訊息,並忽略那些不確定訊息的傾向。

● 稟賦效應

只因自己擁有某檔股票而覺得它特別有價值的傾向。

● 賽邁爾維斯反射(Semmelweis reflex)

反射性拒絕某些與自身所珍視想法或觀點相異的資訊。

● 控制的錯覺

遠遠高估自己對市場結果所帶來的影響力。

● 錯誤共識

錯誤高估他人對我們投資想法的認同程度。

Tips2：資訊風險

　　資訊風險是指在因為資訊不完全、有缺陷或評估錯誤之下，讓你做出同樣帶有缺陷的決策。當然，在讓我們做出決定的資訊中，或許本身就存在著根本性的錯誤，但此處我們的重點必須放在人類的大腦可以如何扭曲資訊上（即便是意義再清晰不過的資訊）。有鑒於抽象資料是沒有意義的，因此我們所擁有的資訊，它所攜帶的意義是視我們如何解讀它而定。

　　資訊風險的影子，無所不再，它藏在我們對可能性的忽視（基本比率謬誤）[2]、認為資訊越多越好的錯誤觀念中，以及最為致命的──對於自身偏誤的無知無覺。在投資組合管理上，資訊風險體現在我們對自己投資持有的複雜性或流動性出現錯誤理解、重視結果更勝於過程、以及在多方思考投資理論時未能有效地消除雜訊中。

　　每一年，華爾街都投注了上百萬美元的資金，以期提升資訊傳遞的速度和確保訊息的專有性。這些都是好現

2　譯注：Base rate fallacy，意指傾向忽略基本比例的事實，因而錯估特定事件或典型，在總體中出現的次數。

象，但作為一名行為投資者，應該要知道──資訊品質的優劣，事實上取決於個人的解讀方法。

資訊風險的實例

- **基本比率謬誤**

  偏好看上去更誘人的資訊，而選擇忽視概率的傾向。

- **盲點偏見**

  能夠察覺他人身上所出現的思維缺陷，卻看不見自己的；即美國前國防部長倫斯斐（Donald-Rumsfeld）所謂的「未知的未知」。

- **訊息偏差**

  錯誤地認為在制定投資決策時，資訊愈多愈好。

- **未知規避**

  偏好已知風險，躲避未知風險。

- **保守主義**

  基於「未來就跟過去差不多」的錯誤心理，而不願意適應新資訊。

- **瑣碎性**

  對於微不足道資訊過度看重的傾向。

- **正常化偏見**

錯誤低估市場崩盤及其潛在影響。

Tips3：情緒風險

我們對於風險的認知，往往會因為自身變化無常的情緒狀態、和個人的消極或積極傾向而發生改變，這就是情緒風險得以介入的主因。情緒讓絕大多數的人低估了壞事發生的可能性（樂觀偏見），甚至徹底摒除事情可能會出錯的念頭（鴕鳥效應），並忽視情緒在我們做決定時所發揮的強烈影響力（同理心差距）。當恐懼爆發時，情緒的力量又是如此龐大，導致我們為了逃避痛苦而變得什麼都不敢做（消極偏見）。

試圖在決策制定中尋找情緒風險實例的投資者，不妨從市場經歷波動的時期下手。在市場情緒昂揚時，你可以檢視一項交易的本質是傾向於冒險？還是尋求安穩？此外，在市場過去的歷史高點與低點中，比較從眾（因為別人害怕，所以自己也害怕）與恰如其分的逆向操作（因為別人害怕，所以我選擇貪婪）之差異。

研究發現，情緒對於促進抉擇上，有著極大的影響

力。事實上，當人類大腦用於處理情緒的特定部分受到損害時，會導致人們就連最基本的日常決策（例如今天要穿什麼），都無法順利決定。因此，我們的目標不是擺脫情緒，而是理解壓力、恐慌及害怕失去對我們所造成的影響。

▊ 情緒風險的實例

- **情意的捷徑（affect heuristic）**

  因為當前的情緒狀態而影響我們對風險認知的傾向。

- **同理心差距**

  低估自身對情緒的依賴程度，並誇大在做決策時自己所擁有的理性程度。

- **消極偏見**

  更在意負面事件與其想法的傾向，導致我們對負面事件的風險感知比正面事件來得強烈。

- **樂觀偏見**

  認為自己比其他人更不容易遭遇不幸的錯誤信念。

- **鴕鳥效應**

  用假裝風險不存在的態度，來規避風險。

- **風險補償**

  基於個人對風險的主觀認知來調整冒險行為（這也解釋了為什麼繫上安全帶的駕駛往往會開得更快）。

- **自制偏誤**

  認為自己在情緒激動的情況下，也能抑制衝動的錯誤自信。

Tips4：注意力風險

　　注意力風險存在於我們以相對的方式來評估資訊的舉動中，導致我們在做決策時，將更多的注意力分給「相對突出」（salience）的資訊，而不是機率。

　　「Salience」是心理學用於描述「突出」的詞彙，意味著我們的注意力很可能被「發生率極低但很可怕」的事情（例如被大白鯊追咬）劫持，卻忽略了「發生率極高但聽起來不怎麼可怕」的危險（例如在塔可鐘〔Taco Bell〕速食用餐）。我們也時常將不熟悉的事物評估為高風險，因此更喜歡購買自己國家的股票（本土偏誤）或熟悉的事物（單純曝光效應），而不深究這些投資項目的品質。

　　想要在自己的投資行為中找出注意力風險的投資者，

不妨找找那些擁擠交易、過度依賴本國股票、關聯性過高，或因為集體恐慌狀態而蹦出來雷聲大雨點小的投資項目（例如伊波拉病毒恐慌）。科學家尼斯（Bob Nease）博士指出，儘管我們的大腦在一秒鐘之內可以處理多達一千萬條訊息，但其中僅有五十條是分配給有意識思維的！當檯面下有這麼多足以影響我們思維和行動的事情正在運作，我們必須清楚認知到處於自己控制範圍內的注意力是多麼地有限。

注意力風險的實例

- **錨定效應**

  在考慮投資決策時，過度重視自己所得到的第一條資訊（例如股票買進價格）的傾向。

- **可得性偏誤**

  因為資訊的易於取得而混淆了該資訊所具備的影響力程度或實際發生的可能性。

- **注意力偏誤**

  因為我們對於某件事物的不斷反芻，導致我們對該事物的重要性出現混淆。

- **本土偏誤**

  認為本土股票比外國股票更安全、更容易理解的偏見。

- **框架效應**

  在損失或獲利的思維框架之下，我們對風險的評估也會有所不同。

- **單純曝光效應**

  因為對一家公司比較熟悉，就認為該股票風險較低的現象。

Tips5：保守風險

保守風險肇因於我們偏好賺錢而不是賠錢、傾向於維持現狀而不是改變現狀的心智副產品。我們更喜歡賺錢而不是賠錢、沿用舊方法而不是新方法，這些偏好會導致我們無法真正地看清現實。而保守的影響力就出現在我們對新事物的抗拒（安於現狀偏誤）、對於不要有任何風險的偏好而不是大幅降低風險（零風險偏誤），還有將此刻的自己置於未來的需求之上（雙曲貼現，hyperbolic discounting）。

當你發現自己太快賣掉持續上漲的股票、太慢脫手持續下跌的股票時（沒能在順境中維持適度的風險量，並在逆境時承擔過高風險），就顯示了你或許已經成為保守風險的獵物。不想改變與怕輸都是我們的本能，而唯有透過精心設計、找出並克服行為惰性的程序，我們才能去除這些不利因子。

保守風險的實例

- **損失趨避**

  由於失去的痛苦遠比獲得時的快樂來得強烈，因而使獲得和失去的關係失衡。

- **安於現狀偏誤**

  傾向於希望事情都不要改變。

- **沉沒成本謬誤**

  承擔更多的風險只因為企圖回收之前的損失。

- **正常化偏見**

  認為未來的情況會一直跟現在一樣。

- **零風險偏誤**

  儘管採用替代方案事實上更能降低整體風險，卻依

舊堅持要徹底斬除某一特定風險的傾向。

- **處置效應**

  在股票上漲時賣出、下跌時卻繼續持有的行為傾向。

- **雙曲貼現**

  為了此刻的利益情願大幅減少未來可得的回報。

扭轉不當投資行為的 4 個策略

在我們決定該如何擅用這些有用的資訊前，請先讓我們用一點點的時間，來消化自己目前所學到的資訊。我們知道關於主動或被動型資金管理的爭論已經過時了，因此我們應該將焦點放在探討哪些是成功、哪些又是不成功的投資方法上。而目前我們知道成功的策略有多樣化、低費用、低週轉和善用行為偏誤。

我們也進一步理解到：我們所面對的危險，不僅僅有傳統定義下的風險，還包括了我們自身的行為，其威脅性就跟企業或市場風險一樣重大。具體而言，我們必須設計一個可以抵抗情緒、自我、資訊不良、注意力錯置和企圖規避損失本性的投資程序。這個任務一點都不簡單，但想想前面「約旦河故事」所教給我們的道理：複雜的問題或

許可以透過簡單且明確的方法來解決。

要想消除行為風險所帶來的不良影響，其中一個方法就是針對這五個面向，各自制定出干涉的辦法。舉例來說，為了打擊自我風險，我們可以將自己過去的成敗全部列成一張清單，藉以更清楚地認識自己的長處與短處。同樣的，我們也可以透過確保自己進行了適當的運動或控制咖啡因的攝取量（兩者皆有助於維持情緒穩定），來管理情緒風險。

這些自主性的付出都值得稱許，也符合一般人的常識，但光憑這些是不夠的。自制偏誤或許會讓我們以為在恐懼當前時，我們也能勇敢以對；但經驗和研究告訴我們，光憑意志力和個人努力是不夠的。擊敗行為風險的更可靠方法，是創造一個能將這五種面向涵括在內的簡單程序，並貫徹始終地去實踐它。

而RBI就是那套簡單、有效，能幫助我們遠離大量行為陷阱、使我們不至於淪落為行為風險獵物的程序。關於這套程序，我們可以用簡單的「4C」來記憶：

1. **一致性（Consistency）**：讓我們遠離自我、情緒、損失趨避的拉扯，讓我們得以專心一致的實踐。

2. **清晰度（Clarity）**：優先考慮有證據為基礎的因素，而不是墜入那條充滿誘惑的道路，為著可怕但極不可能成真、令人興奮但無用的事物上。

3. **勇氣（Courageousness）**：將逆向操作自動化──執行大腦認為最棒但脾胃和心臟卻不斷翻攪的事。

4. **集中（Conviction）**：藉由創造一個具備充分多樣化且足以帶來就長期來看、優於市場績效的投資組合，好協助我們行走在驕傲自滿與恐懼的交界處。

為了強化我們對RBI可以如何管理行為風險的理解，下一章就讓我們針對這4C的意義，做更深入的探討。

「規則導向投資」的行為4C

再次簡述重點，能幫助我們擊敗行為風險的基礎行為投資4C為：

1. 一致性（Consistency）
2. 清晰度（Clarity）
3. 勇氣（Courageousness）
4. 集中（Conviction）

現在，就讓我們來進一步檢驗。

C1：一致性——程序可以打敗人類

一致性是缺乏想像力之人的最後避難所。

——王爾德（Oscar Wilde）

劇作家與詩人

警告：我即將要告訴你一些或許很難承受的壞消息。準備好了嗎？

話說——連一個簡單公式所挑出來的投資項目，都比你挑得好。你問：是什麼了不起的公式居然能超越上過長春藤名校的你？一個簡單公式所挑出來的投資項目都比你挑得好。噢，你還是特許金融分析師嗎？但一個簡單公式所挑出來的投資項目都比你挑得好。

身為人類的一員，我們痛恨聽到自己的才華居然能外包給其他人或——我的老天——輸給一台機器！誰不希望見到西洋棋冠軍卡斯帕洛夫（Garry Kasparov）打敗深藍（Deep Blue，IBM研發的人工智能），或洛基打敗伊凡・達拉戈？聽到一台電腦處理器可以打敗人類的消息，簡直有違我們對人類崇高地位的浪漫想像，可惜令人悲痛萬分的是——在投資界，這早已是不爭的事實。

認為人類很偉大的想法是可以理解的，而此種念頭就根植在人類的卓越與自由意志之上。但一項行銷世界的研究讓我們發現，人類的行為竟然可以如此輕易地受到影響。行銷大師林斯壯指出，「當倫敦地鐵透過廣播系統播放古典樂時，站內的搶劫率下降了33％，工作人員受到攻擊的事件減少了25％，蓄意破壞車廂與車站的行為則下降了37％。」

　　他還進一步表示，「環境」甚至能左右我們是否購買法國夏多內（Chardonnay）白葡萄酒，還是德國的麗絲玲（Riesling）葡萄酒。林斯壯說道：「在為期兩個禮拜的期間內，萊斯特大學在一間大型超市的酒品專賣區裡，輪流且大聲地播放著辨識度極高的法國手風琴樂和德國巴伐利亞管弦樂。在播放法國音樂的那天，77％的顧客購買了法國酒；在播放巴伐利亞樂的那一天，絕大多數的顧客則長驅直入地朝著德國商品區前進。」

　　如果連音樂這樣單純的事物，也可以改變人們蓄意破壞的行為或對酒的品味，請想像當我們在經濟波動的情況下，受財經新聞與各種專家意見連續轟炸時，我們的行為會因此受到何等程度的影響。一名投資者或許知道自己應該在別人恐懼時貪婪，但請想想他會持續接收到來自

CNBC評論員強調「天就要塌下來」的震撼彈，更別提打開自己的每季投資組合財報時，又會如何看到令人膽顫心驚的畫面。在缺乏具約束性決斷力的嚴格程序幫助下，其實不難想見投資者為何總是買高賣低！

▌ 常識的極限

　　另一個讓我們如此痛恨「一套程序就能完勝我們直覺」此一概念的原因，則在於多數情況下，我們的直覺都相當準確（謝謝你，我的直覺）。你的本能會告訴你：當你試圖要從爐子上移動某樣物品時，你應該使用隔熱手套。這就是一個透過簡單程序並立即收到回報的絕佳例子，而這樣的例子在日常生活中總是不斷發生。

　　然而，情況恰恰相反的投資，就成為一個特殊案例：一套不需要太常執行的程序、延遲的收穫，且其中包含了大量艱澀難懂的變項配置。諾貝爾經濟學獎得主康納曼列出了五個導致我們做出不理想決策的變項，而這些變項完美地陳述了人類是如何挑選股票。它們是：

1. 一個複雜的問題
2. 不完整且不斷改變的資訊

3. 持續改變和具競爭性的目標
4. 涉及的高壓和高賭注
5. 必須和其他人互動才能做出決定

　　不同於那些可以依賴常識來處理的日常決策，投資所涉及的數字、複雜性和瞬息萬變的變項，讓這件事超越了我們直覺所能處理的範疇。我們所做的每一個決定，都是受外界影響：決策制定就跟大自然一樣，不喜歡任何真空狀態。而以規則為根基的決策制定程序，能確保我們將目光放在正確的事物上，而不是隨著周圍的變項打轉，忘了自己原本的目標。不需依賴任何安全程序手冊，你就能安全地將燉鍋從烤箱裡端出來，但你絕對會非常高興正駕駛著飛機的機師，手邊就放著這樣一本安全程序。對於那些負責管理我們財富的人（無論是你自己或交由專業經理人），我們自然也希望對方能做到如此。

　　儘管愛默生（Ralph Emerson，美國詩人）認為「愚昧的一致性是心胸狹隘之輩的心魔」，但有大量來自各行各業的人們，卻因為公式的存在而矛盾地享受著自由。美國前總統歐巴馬藉由限制自己服裝上的選擇，好將自己的全部心思投注到更重要的政治治理上。毫無疑問堪稱全美最

棒高中橄欖球隊教練的薩班（Nick Saban），也是用同樣的方式來面對每日的早餐（兩塊燕麥奶油餅）與午餐（沙拉），好讓那些可能會使自己分心的事物最小化，並全神貫注地發揮教練的職責。無論是下意識或有意識地，他們兩個人都非常清楚關於「決策疲勞」研究所告訴我們的事：保持自制或耗費能量去做決定，都會消耗或奪走我們為下一個決定所能付出的精力。

　　一個花了整整一個小時在超市內和各商品單位價格奮戰的父親，很有可能因為筋疲力竭，在結帳的瞬間做出衝動購物的行為。一名節食者也很有可能在經歷一整週的自我壓抑後，陷入失控的狂歡中。我們能做到全神貫注和發揮自制力的能力有限，而今日的節制往往會造成明日的失控，因此最好的方法就是透過自動化的程序來做決定。

　　投資需要的專注力，是顯而易見的。無論是在市場狂熱的時候秉持保守態度、還是在人們陷入恐慌之時大肆買進，都是一件極為折磨人的事。而這件事是如此痛苦，即便是最無情的投資者，要每天都做著這樣的決策，也絕對會吃不消——除非他擁有一套原則，且總是能嚴格地去執行。如同量化交易專家西蒙斯（James Simons）對此套程序的描述：「⋯⋯如果你想要透過一套模型來執行交易，

你就應該盲目地去使用這套模型。無論你此刻覺得這套模型有多聰明或多蠢，它說什麼鬼話你都必須照做。」

▋ 人為判斷的決策迷思

我已經試著使用理智的事例，來解釋以規則為導向決策的優點，但或許你仍舊相信人類的聰明才智遠勝於自動化（這也不能怪你）。如果真是如此，我希望下面這個研究能改變你的看法。

葛林布萊特是一名身價上億的避險基金經理人，也是許多備受讚譽價值投資書刊的作者。在他那本超級暢銷的《超越大盤的獲利公式》中，他提到了自己的「神奇公式」：一個將價值考量與資本報酬率結合以創造出投資組合的系統。充分利用神奇公式（並獲得驚人回報）的葛林布萊特，給予投資者兩個選項：他們可以透過該公司的管理帳戶來全權處理投資，也可以去除那些被神奇公式所挑出來、但他們不喜歡的股票，創造更謹慎的投資組合。無論神奇公式說什麼，管理帳戶就會照做：只要測定價值與回報的公式說哪檔股票分數高，就買進哪檔。而更謹慎的帳戶，則讓投資者可以憑藉自身的判斷力，將那些不被自己看好的股票刪除，並進行更多關於基本面的檢討。

在長達兩年的研究中，葛林布萊特根據神奇公式自動化操作的帳戶獲得了84.1％的回報，遠超過同期市場指數（S&P 500）的62.7％。反過來看，較為謹慎的帳戶其獲得的回報卻低於市場，只達到59.4％。在透過人為的判斷下，投資者們系統性且篤定地將那些表現優異的股票刪除，只因為這些股票在購買的時候看上去太可怕。在企圖打敗一套出色模型的比賽中，人類的付出只換得了甚至比什麼都不做還要差的結果！

然而，忽視那些可以為自己帶來益處的規則基礎框架者，並不是只有散戶投資客；某些華爾街最優秀且聰明的投資者，也未能免於淪陷在此種人性缺陷之下。在2004年9月16日的《華爾街日報》上，刊登了一個針對Value Line公司所進行的研究。該公司向來以其在研究報告中所挑選出來的股票之精準無人能敵，而深受追捧。而該公司同時也經營了一支共同基金，所有人都認為這個基金想必會因為該公司所進行的研究，獲利良多。

在經歷了五年的追蹤後，Value Line的共同基金累進回報卻為負的19％，與此同時，參考Value Line研究報告的建議並進行投資的投資者，其獲得的回報卻為驚人的76％！為什麼差異會如此巨大？因為Value Line基金的管

理者在做決定時，並不是完全依賴該公司所得到的研究結果，因為他們認為自己懂得更多。行為投資專家蒙蒂爾精闢地點出重點：「儘管我們都以為自己可以在計量模型中添加些什麼，但事實上有太多時候計量模型代表的是表現效益的天花板（一個可供我們減少事物），而不是（可供我們增加事物）的地板。」

　　一份由心理學家哥登伯格（Lewis Goldberg）於1968年所進行的研究，則分析了在判斷精神疾病上，以模型為基礎的方式和受訓練醫生的臨床診斷，有何不同。而模型不僅在這場比賽中，擊敗了臨床醫師的表現；在面對那些可參考模型做出臨床診斷的醫生們，模型依舊保持完勝。

　　就連在預測最高法院的判決、總統大選、電影偏好、入獄再犯率、酒的品質、婚姻滿意度和軍事成功上，模型的表現通通贏過人類（有至少超過四十五個領域模型都展現了極為出色的能力，這裡不過是列出幾個例子而已）。一份由葛洛夫（William Grove）、札爾德（David Zald）、勒鮑（Boyd Lebow）、史尼茲（Beth Snitz）和尼爾森（Chad Nelson）所做的整合分析發現，在多數情況下，**模型的表現等於或擊敗人類的機率為94.12%**。這也意味著在多數情況下，我們人類的謹慎，僅有5.88%的機率能贏

過模型。

　　就連預測大師泰特洛克（Philip Tetlock）也曾經語出驚人地說過：「沒有任何一個領域，是人類表現顯然可以超越粗略演算法的，即便是那些不那麼精細的統計。」研究結果已經非常明確——如果我們依賴「人為判斷」而不是一套程序來制定投資決策，投資只會事倍功半。

▌不顧一切地與「模型」調情

　　不可否認地，上述所討論的研究結果確實讓人揪心；它徹底否定了我們認為人之所以貴為人的核心價值。對於這種認知失調所出現的兩個常見反應為——「我們能否結合人為判斷力與模型，以獲得最棒的結果？」和「我們需要接受更多教育以提升人的判斷力！」

　　但令人難過的是，這兩種方法都徒勞無功。只要回顧上面的例子，你就會看到許多將人為判斷力和模型結合的例子。儘管「量化基本面」¹辦法在本能上相當吸引人，但其成果卻無法超越單憑模型所獲得的成績（不過確實可以

1　量化基本面（quantamental），即 fundamental 加上 quantitative。

超越單憑人為判斷的情況）。人類表現之所以如此差勁的主要原因，就在於將數個變項進行比較時，我們經常錯估這些變項的重要性。如同塔雷伯對這種綜合方法的描述：

我們是不完美的，而我們沒有必要去改變此種缺陷。面對周圍的環境，我們是如此不足且不協調，導致我們不能只是想辦法改正這些缺陷。在近乎全部的職業與個人生涯中經歷大腦與情緒激烈對抗、且唯有在習慣情緒而不是用理智去對抗它才獲得僅有的成功經驗後，我對這點已經是深信不疑。或許真正有用的不是擺脫人性；我們需要的是狡猾的把戲，而不是偉大的道德教條。身為一位經驗主義者（事實上是懷疑論經驗主義者），道德教化者（moralizer）是我最為鄙視的對象：我想知道他們為什麼盲目地聽從無效的方法，且四處宣揚是我們的認知器官而不是情緒機制、主宰了我們的行為舉動……然而現代行為科學家已經證明，這些全然不是事實。[2]

2　塔雷伯，《隨機騙局：潛藏在生活與市場中的機率陷阱》（*Fooled By Randomness: The Hidden Role of Chance in Life and in the Markets*）。

教育方法（透過學習來提升人類的判斷力）在本能上，也很吸引我們，因為我們珍視教育的意義，且教育也確實為我們的人生帶來許多益處。然而，另一個關於「透過學習以提升在壓力下做出有品質決策」的悲傷事實，就是當我們最需要它的時候，卻往往得不到！研究顯示，承受壓力會使我們失去13％的認知能力，這也意味著即便我們學習該如何提升判斷力，情緒依舊會讓我們忘光所學。再一次，塔雷伯充分地展現了自己的智慧，他指出：「即使我們意識到了自己的偏見，我們還是必須理解知識不等同於行為。解決之道在於設計並採用一套投資程序，一個至少在某部分上可以抵禦錯誤行為決策的程序。」

我們可以提供更進一步的研究，在一份由丁可曼（Taryn Dinkelman）、萊文森（James Levinsohn）和瑪吉蘭特（Rolang Majelantle）所進行的研究中，有91％的波札那共和國人民知道使用保險套可有效預防AIDS／HIV，然而僅有70％的人實際使用保險套。92％的女性知道保險套的功效，卻僅有63％使用。再深入一點來看，我們並不是因為缺乏知識才出現飲食過量、對著孩子大吼大叫、不運動等壞行為，但我們之所以還是出現了這些舉動，是因為就在那一刻，「情緒勝過了一切」。這麼看來，

教育似乎無法作為行為的護欄。假使每年的一月一日，我們都能設定好在接下來的一年中哪些東西可以吃、哪些東西不能吃的規矩，且這些規矩還不能違背，試想看看我們現在會有多麼健康！對節食或運動來說，這簡直美好的像是神話，而對投資者的能力來說，又何嘗不是。

我同意心理學家史瓦茲（Barry Schwartz）所說的，「倘若有些時候『約束』意味著某種程度的解放、而『自由』意味著某種程度的奴役，那麼人們應該明智地尋求適當的約束。」在基於對自己思維及觀察力的自信之下，「自我」懇請我們將自己的賭注放在同一艘船上。而情感說我們此刻所感受到的安全或危險，都是再真實不過的。電視螢幕上的人每天都在製造新的恐慌，要我們專注在那些駭人卻不大可能發生的事情上；與此同時，害怕賠錢和改變的心態，在麻木與反應過度的兩端拉扯著我們。在充滿行為風險的投資世界裡，一致性能給予我們些許的寧靜。

畢竟，就如同前高盛投資模型創建者德曼（Emanuel Derman）所說的，「物理學與金融學的相似之處，更多的是在於其語句、而不是語義之上。在物理界，你的目標是與上帝抗衡，而祂並不常改變自己的規則；在金融界，你的目標是與上帝的子民們抗衡，一個利用其瞬息萬變想法

來衡量資產價值的生物。」[3]

此處我所想表達的重點在於：**我們持續地對不具持續
性的事物進行猜測**。而我希望你做到的事，就是不要再賭
「人類因素」到底會不會失敗，因為這件事的結果已經再
清楚不過。或許承認教育、智商和意志力無法讓自己成為
理想投資者一事會令我們非常痛苦，但它絕對不比賠錢來
得痛苦。

行為校準怎麼做？

思考：「程序或許能打敗人類。」

問：「如果我可以將某些決策自動化（例如該吃什麼、該
穿什麼），我在其他領域方面的成就會出現怎麼樣
的提升？」

做：針對買進、賣出、持有和再投資設定系統性參數，
並不顧一切地去遵守。

3　德曼，《失靈：為什麼看來可靠的模型最終都會失敗》（*Models Behaving Badly*）。

C2：清晰度——忽略市場雜訊

簡約是細膩的極致。

—— 達文西

大藝術家

　　塔雷伯曾非常幽默地用一個故事，展示了我們是如何看待創新，以及我們試圖展現創意的努力會如何地被我們總是過度複雜化的傾向所打敗。如同塔雷伯所指出的，早在六千多年前，「輪子」就被發明出來了，但一直到1970年代，裝有輪子的行李箱才終於問世。事實上，人們甚至在達成載人太空飛行（1961年5月5日）此一成就之後，才想到可以在行李箱裝上輪子的點子。

　　這麼多年來，不勝其擾的旅行者們只能獨自拖拽著沈重的大行李箱，穿梭在機場間，讓身體不知受了多少苦，更別提被耽誤到的出發時間。在救贖終於降臨時，一開始只是一個附有輪子外型的行李箱，讓人們可以更容易地將行李綁起來或繫上繩索；一種依舊帶有不必要笨重性的改良。一直到數十年前，輪子終於被正式安裝到行李箱上，而此一非常符合直覺的改良，居然花了我們六千年的時間

才達成。

塔雷伯提出了此一想法：「在創新或發現方面，政府和大學達成的事物非常、非常少，而表現之所以如此落後的原因，準確來說，除了那盲目的理性主義之外，還因為他們總是尋求最複雜、最可怕、有新聞性、可描述、符合科學、宏偉的事物，鮮少在意行李箱上的輪子。」我們肯定經常在看到某個發明或點子後，立刻想著：「為什麼我會沒想到這個！」而原因或許就在於我們過分努力。

▍通往地獄之路

有非常多原因能告訴我們（有些原因很邪惡），為什麼華爾街總喜歡將財務規劃與投資這些事情，搞得那麼複雜。華爾街對「複雜性的迷戀」（借用波特諾博士的說法），是綜合了正當化收費、試圖釐清複雜的系統，以及將錯綜複雜視為細緻的錯誤觀念所致。如同文化評論家孟肯所諷刺的，「真相最令人難受之處，就在於它令人不舒服且經常令人感覺自己很傻。人類心智追求的往往是更令人驚嘆、可親的事物。」無論動力為何，通往低回報率的道路已經透過複雜性鋪設好了，就如同通往地獄之路已經由滿滿的善意所鋪墊好般。撇開動機不談，光是複雜性就

夠讓人受苦了。

《只想買條牛仔褲》（*The Paradox of Choice*）的作者史瓦茲，研究了複雜性的增加對我們能否做出好決定的影響，並想出了三個一致的主題。史瓦茲發現，當我們在面對較為複雜的抉擇時，會花更多的時間與精力，並犯下更多的錯誤，而這些錯誤所引發的後果往往還更為嚴重。將此一發現放在現實中——與五十年前相比，當前的共同基金選擇成長了四十五倍之多！這樣你就能想像多數投資者在決定何者才是最棒的投資項目時，勢必會陷入極大的困境之中。

身處在一個複雜性帶給我們如此多益處的世界裡，突然間要我們將投資管理進行簡化，確實讓人很難接受。在與我兩歲兒子同年齡的人之中，有三分之一的人至少可以活到一百歲，而這樣的改變全有賴於醫療與科技那複雜的進步。IBM近期發表的統計指出，我們每天會創造出超過2.5QB（quintillion，10的18次方）的資訊量。從這個角度來看，現在我們每三天創造出來的資訊量，比西元0年到2000年間所創造出來的資訊量還要多！當然，這些資訊之中包含了喵星人的影片，但同時也包括了給予資源不足者的教育機會，以及了解政府與企業的各式資訊。毫

無疑問的，醫藥與科技的複雜度提升了，為我們全體人類帶來了長遠的好處。

倘若複雜性能在其他領域帶來這麼大的好處——假設複雜性能為投資者帶來益處，自然也是合情合理的。畢竟在生活的許多範疇裡，高透明度和深廣的知識確實帶來許多助益。只不過再一次，弔詭的華爾街世界又成為此規則下的例外。茲威格談到這種資訊過量的情況，是如何讓股票投資與其本質——一間公司的部分股權，徹底脫節。茲威格說：

藉由在酒吧、理髮廳、廚房、咖啡廳、計程車、公車站持續傾注大量資訊，財經網站和財經電視台將股票市場轉化成一場永不停止的電動遊戲。大眾認為自己比以往都還要了解市場。不幸的是，在人們被數據淹沒的同時，卻沒能獲得什麼知識。股票變得和其所發行的公司，徹底脫節——變成一個抽象、在電視或電腦螢幕上移動的光點。只要這個點能向上移動，其他都不重要。[4]

---

4 葛拉漢和茲威格，《智慧型股票投資人》。

未受過嚴格檢驗資訊品質訓練的大眾們，在過量資訊的襲擊下，許多時候並沒有因此受到啟發，反而只是強化了情緒的效用。

每一種技術的進步，都引發了意想不到的後果，有些甚至顛覆了科技之所以被需要的意義。用來保護執法人員與士兵的先進武器，也成為屠殺校園兒童的凶器。讓我們得以在假日飛去跟家人團聚的飛機，也讓我們因為密集地到外地出差而疏遠家人。同樣的，金融科技的進步讓投資者在獲得更多知識與減少佣金之餘，讓急功近利主義及忽略心理缺陷認為自己可以DIY的心態，迅速蔓延開來。

圖11展示了在過去六十年裡，幾乎每隔十年，股票持有的期間就縮減為近乎一半。隨著交易越來越容易、手續費越來越低、財經新聞越來越多，股票持有期間出現顯著的縮水。儘管這個事實看上去似乎不太重要，但我們必須理解持有期間和獲利為正相關，亦即有耐心的持有者，其獲得的回報往往更多。如同統計學家席佛所表達的概念，「當資訊成長的速度超越我們得以處理並理解它的速度時，危險就出現了。人類過去四十年的歷史，暗示了或許要經過很久的時間，我們才能將資訊轉化為實用的知識。而在這個過程中我們如果沒能小心謹慎，還很可能導

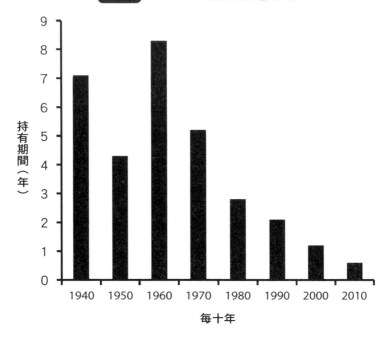

圖11　每十年的持股狀態分析

（縱軸）持有期間（年）

（橫軸）每十年

致狀況退步。」進步可以、也應該是我們的盟友，然而我們必須確保科技沒有將我們的心理因素忘得一乾二淨。

▌少即是多

　　金融資訊過量的另一個後果，就是導致變項之間出現虛假的相關性。如同席佛所指出的，美國政府每一年會製造出四萬五千筆經濟變項！將此事和重大經濟大事並不

常發生的事實擺在一起（舉例來說，自二次世界大戰後美國只發生過兩次經濟衰退），你就能明白席佛所謂的將數據丟到攪拌器裡攪一攪，就稱其為高級料理的諷刺意味。[5]

在大數據的時代下，我們經常忽略整片「這是間好公司」的森林，只盯著一棵代表著深奧資訊的樹。無論商學院教授與菁英們在未來還會想出何種奧妙的經濟衡量指標，總會有某些資訊看上去，就好像真的和股票回報率出現短暫的相關，但這些資訊最終卻往往沒能通過「對於我要不要成為這間公司的股東，這件事重要嗎？」如此簡單的測試。

在康納曼和特維斯基的「銀行出納員琳達」（Linda the Bank Teller）研究中，他們強而有力地證實了：資訊並不是越多越好。兩名研究員為了證實自己經常觀察到的事實——情緒訊號可以壓過機率（也就是基本比率謬誤），著手設計了一項實驗。他們提出了以下的問題：

琳達是一名三十一歲、單身、坦率且聰明的女性。她

5　席佛，《精準預測》。

在大學時主修哲學，而且非常關注歧視問題與社會正義，更參與了反核遊行。下列哪一個描述琳達的選項，真實機率較高？

（1）琳達是一名銀行出納員。

（2）琳達是一名銀行出納員，且活躍於女性主義運動之中。

在我們理性根據機率來思考這個問題後，我們就會明白同時為「女性主義者」和「銀行出納員者」的全體，事實上也是銀行出納員的一個子集。但多數人都選了（2）這個答案，成為雜訊干擾的受害者，而未能洞察出真正的機率。我們的大腦充滿了先入為主的觀念：琳達與我們所認識的女性主義者在行為上，有許多重疊之處。

正如同資訊增加後我們反而更難正確地判斷關於琳達、究竟哪件事更有可能為真，那些以「投資建議」外貌不斷湧到我們面前的資訊，許多不過是行銷或誘餌式的手段，根本缺乏教育的意圖。在選擇股票上，任何一種合理方法的核心，是決定哪些事是真正重要的，然後將注意力集中在這些變項之上，忽視周圍的一切雜訊。倘若每件事都很重要，就意味著沒有一件事是真正重要的。

英國央行的金融穩定執行長霍爾登（Andrew Haldane）在一場名為「狗和飛盤」的演說中，針對「簡單」這個概念提出了極具說服力的學術論證。霍爾登利用接飛盤的動作，來表達自己的論點。他表示，接飛盤是一個「需要一名捕手針對物理性配置與大氣因子、包括了風速及飛盤轉動等變項進行權衡」後，才能完成的一道程序。接著，他提出了問題：為什麼多數人類、甚至是小狗，可以完成如此困難的程序？答案就隱藏在非常簡單的經驗法則裡——以確保飛盤能維持在視線高度的速度下奔跑。霍爾登認為越複雜的問題，解決之道就必須越簡單，以避免統計學家所謂的「過度擬合」（overfitting）[6]。

　　霍爾登舉了數個關於過度擬合的例子，包括了會檢驗過去所有表現指標的超級複雜運動彩券演算法。而他發現這種複雜的方法卻輕而易舉地輸給「名稱辨識捷思」（recognition heuristic）——純粹靠自己是否聽過該名運動員或隊伍的方式來挑選彩券。因此他進一步指出，「實驗證據告訴我們，同樣的事情也發生在許多行為中。對於一

6　譯注：意指在調適一個統計模型時，使用過多的參數。

名醫師該如何確診心臟病發，簡單的決策樹勝過任何複雜的模型。在鎖定連環罪犯的行動中，簡單的定位規則勝過複雜的心理剖析……對商店老闆來說，重複購買的數據遠比任何模型更能預測顧客行為。」複雜的問題會產生複雜的結果，而我們唯有透過宏觀而簡單的框架，才能更好地去解讀問題。

霍爾登也比較了掌管已知風險和在充滿未知數情況下的運作（例如股市投資），兩者在規則上有何差異。他表示：「在風險已知的情況下，對策就是必須去接好每一滴落下的雨；這是一種微調模式。而在不確定的情況下，邏輯則剛好相反。普遍而言，複雜的環境反而需要簡單的判斷規則。唯有如此，規則才能更有效地去抗衡無知。在不確定的處境下，對策只能用於應付每一場暴風雨；這是一種粗調模式。」正是因為足以影響市場的變因是如此多而複雜，所以我們需要一套簡單的規則來掌握市場。倘若人們在接飛盤前要試著計算出速度、轉速、風速和軌跡，飛盤早已落地了；深陷在市場枝微末節資訊中的投資者，註定要承擔異常頭痛與表現不佳的命運。

▋ 大數據＝賺大錢？

　　複雜性的另一個問題，則在於人們經常將其與潛在的高回報混淆。而此種傾向是基於錯誤的觀念而生，認為複雜的系統如股市，就需要同等複雜的方法來處理。然而事實上，反過來看可能更正確。如同愛因斯坦所說的：「我們無法用導致問題產生的思維框架，來解決問題。」

　　確實，市場是一個複雜且動態的系統，還擁有巨量到無法一一評估的數據。而市場的瞬息萬變與涉足其中的參與者特質，用「人無法踏入同一條河兩次」這句話來描述，可謂再貼切不過。試圖獲取市場一切枝微末節資訊的作法，不過是讓人發狂、充滿挫折且浪費時間（更別提費用）的途徑。

　　不必要的複雜性也帶來了未知的複雜處境，2007 至 2009 年發生的金融危機，就是很好的例子。金融產品被包裝、再包裝成如同巴菲特口中「帶來大規模毀滅的金融武器」。在許多時候，那些推銷、甚至一手打造出此類產品的人，根本不知道自己在做些什麼，對於這些產品會對整個金融體系帶來何等影響，更是一無所知。

　　曾無比精確地描述，不需要的複雜性會招致「脆弱化」的塔雷伯說道：「恰好與人們的想像相反，一個複雜的系

統並不必然需要複雜的體制、規範或錯綜復雜的對策。越簡單，效果越好。複雜只會觸發意想不到效應的乘數連鎖反應……然而，要想在現實生活中實踐此種簡單性並不容易，因為這違背了那些試圖以複雜性來證明其專業的特定人群信念。」

複雜性能達成許多目標，它能讓華爾街有藉口要求你更頻繁地改變投資策略，也能讓專業人士可以在負的價值上增添邊際，而結果證明，這些東西對投資人來說一點都不好。如同班·卡爾森所說：「簡單性勝過複雜性。比起例外，常規能給予你更好的回報率。長期進程遠比短期獲利重要。而對未來的展望更是超越策略的重要性。」[7]投資最矛盾的地方就在於：面對市場海量的資訊時，我們唯一理性的應對之道，就是出色地執行少數幾件重要的事，並持之以恆。

人們對複雜性的追求，導致複雜的投資管理往往看似更具吸引力，但這種複雜性對投資者不但無用，甚至有害。

7　卡森，《投資前最重要的事》。

行為校準怎麼做？

思考：「有總比沒有好，而少或許又比多好。」

問：「此決策的三至七個重要面向為何？」

做：除了上述所列出的三至七個重點之外，請忽略其他
雜訊。

六十秒的自我驗證

　　請花一點時間，想想那個在你生命中扮演最重要角
色的人，像是你的伴侶、你的孩子、你的父母。請用不
超過六十秒的時間，大聲描述他們對你來説有何意義，
以及他們為何如此重要。這件事並不困難，對吧？

　　現在，請用同樣六十秒的時間來向我描述你是如何
評估某項投資的有利程度。在你們之中，多數人應該還
是能輕鬆完成這個任務，但絕大多數的人會認為這個任
務遠比描述一件極具意義（例如我們所珍視的情感關係）

之事，來得更為複雜。要想將一個概念清晰且簡潔地解釋清楚，沒有什麼比發自肺腑的喜愛或精通，能更顯著地影響這個能力。無論我們談論的是愛情、棒球或星體運行，真摯的關愛與流利的口才，能讓我們表現出精闢與扼要。

既然如此，請出奇不意地打給你的財務顧問，並請對方用六十秒的時間來表達自己是如何管理你的資金。如果他們無法在六十秒以內的時間，給出一套思路清晰的答案，就意味著他要不是口條不太順暢，就是缺乏整體性方法（無論如何這都是個壞消息）。不過更糟糕的是，如果他們滿口講著聽上去複雜而毫無意義的名詞，或淨說些已超過你所能理解的範疇，那麼或許是時候換個新的顧問了。如同班・卡爾森所說，「當一個人必須用越久的時間來解釋自己的投資時，他們投資失敗的機率就越高。而他們之所以這麼做，只是因為對於毫無疑心的客戶來說，講那些不著邊際的話會顯得自己比較聰明。」

現在，在我們繼續讀下去之前，我認為你真的應該打電話給你人生中最重要的人，告訴對方為什麼他們是如此特別。

C3：勇氣──留在市場是最重要的事

勇氣就是即便你怕得要死……卻依舊奮勇直前。

──約翰‧韋恩（John Wayne）

電影明星

　　茲威格那本風趣幽默的《惡魔財經辭典》（*The Devil's Financial Dictionary*），諷刺了華爾街文化與充斥其中的各種術語。在茲威格幽默滿分的定義中，他重新定義了「**當日沖銷者**」：名詞，請查閱「白痴」（idiot）；還有「**共同基金**」：名詞，一個不平等的基金──投資者必須共同承擔風險，而管理者可以獨自共享所有費用。

　　儘管茲威格並沒有在他的辭典中，收錄「勇氣」這個辭條，但我猜想如果由他來定義，其內容應該類似如此：「華爾街最常掛在嘴邊但最少被實踐的美德。」我那六歲的女兒也知道，股票應該買在低點賣在高點，但散戶與機構投資者的舉動顯然與該理念背道而馳，且選擇的時間點總是糟透了。因此，一個足以糾正人類基本衝動本能的系統，必須透過兩個具體辦法，讓我們重拾勇氣：引導我們接受非常見的觀點，並確保我們不能中斷投資行為。

▌想與眾不同就必須付出代價

我們之所以需要上述兩種辦法，原因非常簡單：不同的思維能帶來更好的結果。價值投資先鋒葛拉漢打趣道：「選擇股票的方式主要依賴該股票今年表現很亮眼、或聽別人說這檔股票前景不錯的投資者，很有可能會發現別人也是基於同樣的原因這麼做。企圖追求表現持續優於平均回報的投資者，就必須緊緊追隨：1. 本質上合理且有前途、2. 在華爾街並不受歡迎的策略。」[8]

霍華‧馬克思也認同這樣的看法，他說：「為了獲得出色的投資成果，在價值評估方面你必須擁有非共識性且精闢的觀點。」[9]要打敗眾人的方法，就是想辦法脫穎而出，然而對於人類這樣一個憑藉團結與模仿獲得無數好處（除了投資以外）的種族而言，這件事做比說難得多了。有人說出色投資者的絕大多數時間都是受人奚落且孤單，這話說得一點也沒錯。如同卡拉曼（Seth Klarman）所說：「擁抱團體不會讓你成為價值投資者。」

其中一種衡量勇氣的方法，就是耶魯大學教授克雷默

8　葛拉漢和茲威格，《智慧型股票投資人》。
9　馬克思，《投資最重要的事》。

（Martijn Cremers）和皮特傑斯特（Antti Petajisto）在其研討會論文〈你的基金管理者有多活躍？預測績效的新方法〉中，提出「主動投資比例」（active share）此一概念。主動投資比例是一個相當直觀且有效的方法，它意味著投資組合內各投資項目的持有比例與基準指數權重的差異。基本上，從保有非共識觀點且讓自己暴露在追蹤誤差的角度來看，基金管理者展現了多少的勇氣呢？

這兩名教授檢驗了在二十三年內，兩千六百五十檔基金的狀況，並發現最具勇氣的基金（例如那些主動投資比例達80％以上），其每年的獲利能超越市場2％到2.7％──勇氣真的能成功！

如同我在本書中不斷提到的，知道什麼是正確的和真的將其付諸實踐，是兩回事，也因此我們必須透過其他所討論到的原則（例如一致性和信念），來實踐勇氣。藉由自動化證券選擇過程（一致性），我們得以減少自己膽怯或進行擁擠交易的可能。藉由持有一個濃縮的投資組合（信念），我們得以減少自己創造出一個實為模仿市場基準的投資組合機率。

▌以不變應萬變

勇氣並不僅僅意味著單純的逆向思考，它也意味著當跳下「心靈上的雲霄飛車」明明比較容易時，我們卻願意長期忍受波動所帶來的驚濤駭浪。

企圖在正確的時機進、出市場，確實是一件極為誘人的事。畢竟正如同美國媒體 Quartz 在 2013 年一篇以「完美時機」為題的文章中所提到的，「一名年初時戶頭裡有1,000 美元的交易員，如果能每天都將自己的現金投注到 S&P 500 指數中表現最好的股票上，日復一日。以今年有兩百四十一個交易日來看，現在的他戶頭裡將擁有 2,640 億美元。」[10] 我們都明白要做到這種程度的精確根本是不可能的，但即便我們談的是更粗獷的方法，像是精確預測大跌或漲停時機，仍舊是說起來容易（在馬後砲式的思維框架下顯得再輕鬆不過），但要想完美執行簡直是難如登天。

試圖預測非系統性的市場時機，只是一場徒勞無功的努力，有許多研究可證明此點。一項針對兩百則「市場擇

---

10 亞諾斯基（David Yanofsky），〈該如何透過交易今年 S&P 500 最佳股票，將 1,000 元翻轉成上億〉（How you could have turned $1,000 into billions of dollars by perfectly trading the S&P 500 this year），qz.com。

時」（market-timing）新聞報為主題的研究發現，這些新聞報所指出的時機點有四分之一都出現了失誤。兩名杜克大學的教授也進行了相似的研究，並發現在1991至1995年間，如果只追蹤「市場擇時」表現最好的前10%新聞報，該期間內的投資報酬率可達12.6%。儘管如此，那些忽略市場時機選擇重要性、單純買進市場指數的投資者，同樣期間內的年回報率卻可達到16.4%。即便是最出色的市場擇時者，其表現也低於「懶惰的投資者」！

賽伊漢（Hasan Negat Seybun）博士也發現，在總計三十年、多達七千五百個交易日的時間框架下，95%的大幅市場獲利出現在為數不多的九十個交易日裡。因此，只要你在佔總交易日1%的時間裡離開市場（或許是因為稍微錯估離開市場的時機），你在該段期間的獲利，就很有可能因此面臨巨幅的縮水。

根據部落格「538」一篇極為出色的報導，我們可以知道即便追隨某些看似合情合理的規則，也可能對投資造成不利的影響。該篇文章談論到1980至2015年間的投資回報，「請想像兩名分別在1980年年初，用1,000美元投資S&P 500的投資者。第一個人買進之後，一次都沒有賣出。第二名投資者則比較小心，只要市場在一週內損失了

5％，他就賣出，只要等到市場反彈達3％時，就買回。在這段期間的最後一週裡，第一名投資者的持股價值已成長到18,635美元。第二名投資者的總額卻只有10,613美元。」問題就在於：儘管市場會以一定頻率發生崩盤（一百次單一交易日內跌幅達到或超越3％，其中更有二十四次在單一交易日內的跌幅超越5％），卻也會以一定的頻率反彈回去。如同該部落格所說的，「在每一次的跌幅之後都伴隨著一次反彈。有時候是立即發生。有時候需要一個禮拜或甚至一個月之後。但只要當反彈發生時，其速度都是非常快的。如果你等到能明確觀察到反彈時才買進，你就錯過了收穫最大利益的時機。」

　　一句古老的投資諺語說，「在市場上的時間比市場時機的選擇更為重要！」就前述的觀點來看，這句話確實不假。墨基爾曾經分享，市場的上漲時間為下跌的三倍，而這意味著「持有現金而不是股票獲得成功的機率，僅有四分之一。」共同基金管理界的超級巨星彼得・林區，進行了一項橫跨1965至1995年的研究，並發現對長期投資者來說，「擇時」的效果非常小。林區發現，如果你可以在每年股市的最低點進場，與每年都在股市最高點進場的投資者相比，在此期間你的回報率將達到11.7％，而後者的

回報率為11％。這並不是多麼戲劇性的結果，尤其在考量到現實生活中的投資者也不太可能運氣差到總是在最差的時機點（市場最貴的時候）進場。

但在看了這麼多證明短期戰術投資是多麼困難的證據後，市場心理學的學生們發現自己此刻身處在一個相當棘手的交叉路口。他們深知市場擇時是一個沒有效率的作法，但他們也知道在過往歷史中，曾出現市場價格與基本價值出現顯著且嚴重脫節的時刻。從咆哮的20年代（Roaring 20s）、漂亮五十（Nifty Fifty）到網際網路泡沫和次貸危機，狂熱發生的頻率相較之下並不少見、很容易就能用常見的估值指標來察覺，且有時甚至還會對財富帶來毀滅性的效果。在我寫至此段文字的同時，NASDAQ的位置比十六年前的高點還低了15％，這對即便很有耐心的長期投資者而言，仍舊是一個很難接受的事實。

因此，倘若我們的規則是「不要去選擇進場的時機」，那麼會不會有跳脫此規則之外的例外呢？我相信還是會有，而這也正是為什麼我們必須強調勇氣，這種例外很少見，要想把握住更是難如登天，且與你以為「現在很安全」的直覺，其實背道而馳。畢竟風險最可怕的地方就在於：當你感受不到它的時候，才正是最危險的時候。

▍避免災難性損失

在過去一百年間，全球經濟創造和累積財富的能力，震驚世人且阻斷了長久以來的悲觀主義。然而，全球經濟的繁盛現況，勢必奠基在顯著的毀滅性波動之上。確實，正如同基金經理人費波（Mebane Faber）所指出的，「在七國集團（G7）中，每一個國家都曾經歷股市失去75%總體價值一次。而這不幸的75%，則意味著每位投資者必須實現300%的獲利，才能扯平。」[11]他也繼續說道：

> 大家都知道，在1920和1930年代投資美國股市、1910至1940年代投資德國資產類別、1927年投資俄羅斯股市、1949年投資中國股市、1950年代中期投資美國不動產、1980年代投資日本股市、1990年代晚期的新興市場與商品，以及買進2008年的近乎一切，絕對是非常不明智的選擇。多數散戶都沒有足夠充裕的時間，能讓他們從高風險資產類別所造成的大幅損害中復原。

---

11 費波，〈戰術性資產配置的計量方法〉（A Quantitative Approach to Tactical Asset Allocation）。

多數時候對多數人而言，買進並持有是非常合理的作法，但這無法保證此一原則對於你身處的特定時間與空間是真正可靠的建議。如同圖12所顯示的，在一定程度的一致性下，股市曾在十五年間出現成長率為零、甚至為負的時光。如果你秉持了這個規則，並於這些期間內買進並持有，對你來說這個建議的成果實在不怎麼美好。

許多沈浸在買進並持有傳統方法中的投資者，或許會覺得我指出在某些時候（儘管相當罕見）、投資者應該要

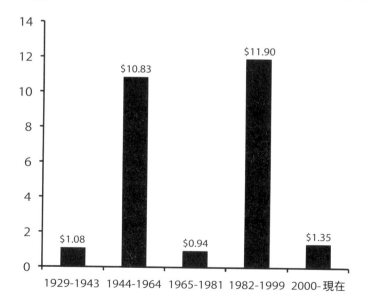

圖12 S&P 500 對應 1 美元的實質成長（經通膨調整後）

試著尋求安全之道，且行為也最好應該保守些的觀點，有點令人討厭。許多人可能還會以巴菲特為例子，提到巴菲特總是說他最喜歡的股票持有年限，就是「永遠」，並以此作為堅決反對任何形式市場擇時的最佳例證。

儘管如此，巴菲特的言論就是「照我所說的去做，而不要我做什麼你也做什麼」的最佳實證。在我寫書的此刻，進入了2015年的尾聲，而波克夏的市值也攀登上歷史高峰（超過500億美元），而當前唯有網際網路泡沫、經濟大衰退、經濟大蕭條這樣等級的事件，才有可能擊垮股市。如同羅爾夫（David Rolfe，波克夏資深股東）對股神的描述：「（巴菲特）這傢伙不會為了花錢而花錢。他是我見過最會把握股市時機的人。」

提到巴菲特，另一段較不簡潔但極為貼切的話語，就出現在他本人於1992年波克夏致股東信的內容中，他提到：「經貼現現金流計算出來最便宜的投資標的，就是投資者應該要買進的投資項目。除此之外，儘管價值評估總告訴我們股票比債券更值得投資，但這個結果並非永遠不變──當債券被計算出來而成為更具吸引力的投資標的時，我們就應該去買債券。」

股神也並非僅是「永遠只持有股票」一派，而是一名

深思熟慮的資產配置者，且還會選擇進場的時機（讓我們面對事實吧）。巴菲特料準了網際網路泡沫的時機，且今日他依舊在進行這些事。而他之所以這麼做，不是因為魯莽，而是出於對機率的理解。高價位加上疲軟的勢頭與不看好的情況，往往意味著負回報。有時會有例外，但我不奢求這樣的例外，巴菲特也是如此。

在一場可能意味著摧毀一切財富的泡沫面前，做出適當的防護措施，並利用適當的擇時方法，絕對是一個理想的建議，但在實務上我們又該怎麼做呢？在尋找資產泡沫的跡象時，有六個變項是我們可以審視的對象。而這六個變項鮮少會同時發生，因此你可將它們視作一種警訊，當這些現象同時出現時，就意味著投資者最好趕緊尋求掩護：

1. 過於誇張的估值

在美國股市每一次出現重大崩盤前，股票的價格都會大幅超越其平均價值。

2. 槓桿過高

在施行廉價的貨幣政策時，顧客與企業往往會承擔大量負債。

3. 寬鬆的放貸標準

泡沫化的市場往往會降低人們對風險的感知，而借貸的標準也會因此而變得更為寬鬆。

4. 一面倒的看好

正向心理是繁榮的因與果，且往往能夠自己餵養自己。

5. 低波動性

偵測投資者的自滿程度，是否已經習慣於不費吹灰之力就能獲得高回報。

6. 高風險資產的高度參與

飆漲的股價自然會導致股票持有的比例飆高，但投資者往往傾向在錯誤的時間點下持有過多股票。

如果說這六個變項是泡沫時期的早期指標，那麼這些現象的惡化就意味著泡沫或許就要破滅。隨著氣氛、勢頭和估值都準備從超高水平的地方開始崩落時，採取更具防禦性的立場或許就是一個不錯的選項。

▌ 在市場上活著，比什麼都重要

彼得・林區曾精闢地諷刺道：「投資人因為準備市場

修正或企圖預測市場修正所賠的錢，遠比因為市場修正本身所賠的錢多。」但如同費爾德在自己的部落格「Felder Report」上所說的，在接受林區的建議或參考他的表現之前，我們必須先理解他進行投資的背景。林區的事業主要是建立在1977至1990年間，而那是一個股價比平均估值還低一個標準差的時期（根據美股總市值對GDP來衡量）。根據同樣的衡量標準，我們發現此刻的自己站在了一個股價比平均估值還高兩個標準差的位置上。

事實上，在林區整個職業生涯中，股市的最高點（1987年9月）也不過接近了過去十五年中的股市最低點（2009年3月）。如果我們和林區一樣，身處在一個股市估價普遍較低的時期裡，對於回報的預期總是會比較樂觀，同時更讓「買進並持有」成為一個格外吸引人的投資方法。正如同身高一百八十公分的男子也可能溺死在僅僅九十公分深的池子裡，投資者也很有可能溺斃在一個長期擁有平均10%年回報率的股市裡。

以規則基礎為導向的行為投資方法，其最主要的目的，就是讓機率能站在投資者這一方，而這也意味著投資者的市場參與預設行為，應該是要有耐心、冷靜且不能過於活潑。同樣的，以減少市場參與為目標的規則，則應該

指引投資者不要過於頻繁地活動，同時尋找一切值得讓你留在市場內的原因。

「Philosophical Economics」部落格則針對「適時進出市場」，提供了一個有趣的腦筋急轉彎：具體而言，用我們考量資產配置的態度，來思考適時進出市場這件事。一名長期將股票與現金比重維持在40：60的投資者，由於過度重視安穩，而缺乏獲得驚豔回報的機會。同樣地，任何一個讓投資者在60％的時間中皆擔任一名旁觀者的系統，也會對投資者的回報造成顯著的傷害。儘管如此，正如同一名謹慎的投資者會為了保護本金與自己的理智，將一小部分的財富投注在低風險資產上一樣，行為投資者偶爾也可以透過系統性程序，在市場準備要掀起一場腥風血雨之前，將風險排除掉。

不分青紅皂白（就勇氣層面而言）地頻繁出手，自然是一種罪，但謠傳已故經濟學家薩繆爾森（Paul Samuelson）曾於1990年代晚期說道：「揣測市場時機是一種罪，但我推薦你偶爾可以犯點小罪。」

行為校準怎麼做？

思考：「最好的辦法，就是經常——但不是永遠地維持無為。」

問：「我的恐懼（貪婪）與大眾一致還是背道而馳？」

做：當股市價值與其長期估值的差異達到二、或三個標準差時，請逐漸採取防禦姿態。

C4：集中──更聰明的多樣化策略

只有當投資者不知道自己在做什麼的時候，他們才需要廣泛的多樣化。

——巴菲特
波克夏公司董事長

關於RBI投資組合的最後一個關鍵，就是它必須「集中」（conviction）。當你在金融圈裡提起「conviction」這

個詞時，可能會讓人聯想起詐騙天王馬多夫（Bernie Madoff）[12]，但我這裡所說的，是指你的投資組合必須集中化。具體而言，這是一個介於「因為出於自大而只握有一、兩檔股票」和「過於消極而擁有每一檔股票」之間的狀態。基金經理人郝爾德這樣解釋：

其中一個極端是買進市場上每一檔股票，並根據這些股票的資本額來分配比重。這種作法就稱為「指數投資組合」，而其獲利完全由股市整體表現來決定，而不是由單一個股來決定。而另一個極端就是將全部本金投注到一檔股票上，而你的成敗全由這一檔個股的表現來決定。你要做的，就是在這兩個極端間，找到平衡點。[13]

如果一檔股票的資訊是完全公開透明的，那麼擁有一檔股票就是我們應該要做的事。如果我們可以全然客觀地挑選到一檔棒到不能再棒的股票，我們又何苦追求多樣化呢？相反的，如果某檔股票的資訊是全然不公開、不透明

---

12 conviction 亦有「定罪」的意思。

13 郝爾德，《新價值投資》（*The New Value Investing*）。

（例如指數基金），那麼持有每一檔股票就是我們該採取的行動。當我們無法透過研究基本面、觀察價格、調查公司營運狀態等資訊，來決定哪一檔個股勝過其他時，我們只能全部都買，將賭注下在整體經濟的成長上。

而最棒的方法，就落在這兩種方法之間。我們確實可以針對一項投資的品質來評斷其優劣，但我們必須理解這種判斷並非完美，並以此進行調適，同時將市場參與者經常會做出來的非理性行為情況，銘記於心。因此，一個裝了二十五至五十檔股票且固定下來的投資籃子，意味著既能保有獲得高於市場回報的潛能，又能確保和指數擁有一定的差異性。

▎ 恰到好處的多樣化

請注意：無論是在資產類別之間或之內，都應該做到多樣化。我們這裡所說的，是關於你所持有的本地股票佔總體投資的比例。我們不應該將自己的整體財富集中到一個擁有二十五檔個股的投資組合上；相反的，我們應該將財富分散到外國股市、本國股市、不動產投資信託等類別之上。不過，擁有二十五檔股票的投資組合，確實可以成為我們針對本國股票所採取的多樣化配置。

對於那些不太熟悉「少數幾檔股票也能提供絕佳多樣化」此一概念的讀者而言，擁有一個高度集中（或稱為高度信心）的投資組合，感覺非常冒險。但正如同民調機構可以在和數百人交談後就獲得足以代表成千上萬名投票者的代表性樣本般，我們也可以在只擁有幾檔股票的情況下，成功多樣化我們對美國股票的選擇。

最早針對此一現象進行研究的學者，是來自華盛頓大學的艾文森（John Evans）和亞契（Stephen Archer）。根據他們的研究發現，當一個投資組合所包含的股票數量超過二十檔時，因為多樣性所享受到的回報，會出現劇烈下滑。

而億萬投資大師葛林布萊特也在自己的著作《你也可以成為股市天才》中指出，光是擁有兩檔股票，就可以減少46％的非市場（即可分散的）風險；四檔股票可以減少72％、八檔股票可以減少81％，而僅僅十六檔股票，就可以減少93％。葛林布萊特的發現展示了我們可以如何輕易獲得多樣化所帶來的大部分益處，同時也展示了當股票數量超過二十檔時，這份益處或許會被快速地侵蝕。葛拉漢說得好：「我們應維持充分、而不過分的多樣性。而這或許意味著保有不低於十種、不高過於三十種的差異。」

圖13闡述了多樣性的概念。規則基礎行為投資所提倡的，是在過於自信和錯誤地認為價格永遠是正確的立場之間，採取剛剛好的多樣性。

圖13　二十五檔個股能獲得剛剛好的多樣性

一檔股票	二十五檔股票	所有股票
獲得高於市場回報的可能；超高的企業風險	獲得高於市場回報的可能；極小的企業風險	失去高於市場回報的可能；極小的企業風險

▌披著「被動」外皮的主動

　　沒有進行適當多樣化的投資者，是一名被自我蒙蔽的投機者。而什麼股票都買的投資者，則是一名為了減少極低比例的風險程度、甘願放棄寶貴回報潛力的投資者。而一名行為投資者，則希望透過一個將集中程度進行多樣化的投資組合，同時達成降低風險和保有回報的目標。

　　前面我曾經說過、也必須再次重申：對一名關切如何以合理價格獲得適切回報的投資者而言，被動式投資就是最合理的手段。但對於追求卓越表現的投資者而言，高度集中是唯一的辦法，因為就如同坦伯頓（John Templeton）

爵士所說的,「唯有當我們和大眾與眾不同時,才有可能獲得驚人的回報。」

不幸的是,多數今日我們所看到的主動式基金管理一點都不主動。披著主動外皮的被動型類指數基金(closet indexing),把投資者丟到一個最差勁的處境下——高昂的收費和毫無意義的差異化。而這其中隱藏的問題甚至比多數人想像的更為嚴重。郝爾德和AthenaInvest公司在研究了類指數基金後發現,「對一般基金來說,低度集中所佔的比例為高度集中的三倍。」Alpha Architect公司的格雷博士則發現,僅有8%的EFTs(指數股票型基金)與23%的共同基金,和市場基準指數有明確的差異。除此之外,格雷博士還發現基金越主動,其費用也越高(實質主動式管理基金的費用平均為128個基點)。[14]研究結果清楚指出,**多數主動式管理基金和市場指標並沒有明顯的區別,而投資者卻必須為此付出高昂的代價。**

倘若主動式經理人表面上的任務是讓績效超越市場指標,又為什麼有這麼多由他們掌管的基金,看上去不過就

---

14 格雷和卡萊爾,《計量價值的勝率》。

是更貴的指數基金呢？答案主要就隱藏在一個被稱為「追蹤誤差」的愚蠢概念中。所謂的追蹤誤差，就是指某一投資組合與其相比較的市場基準所呈現的差距，然而不知道為什麼，我覺得這個指標聽起來「本身就像是一種投資風險」。是的，主動式基金管理者想透過和市場差不多的表現，去擊敗市場的表現。

如同策略專家蒙蒂爾對此種愚行的看法，「主動式管理者使用追蹤誤差這樣的衡量方式，就像是將一名拳擊手送到擂台上但卻要求他只能領先對手一分或兩分，而不是想辦法贏得這場比賽。」儘管追蹤誤差被廣泛地定義為風險，但真正的風險事實上是針對基金管理者的職業生涯而言。價值投資專家布隆尼（Christopher H. Browne）在2000年於哥倫比亞大學商學院所進行的演講中，完美地解釋了這個概念：

一般而言，我們會將投資績效和市場基準做比較，撇開長期投資者行為不談，多數機構型投資者會在每個月或每季的時候，檢查投資成果和市場的差距。當投資表現與市場脫節時，會讓投資者心生疑慮，導致雙方的合作關係終止。持續性超越市場基準的表現，遠比絕對表現來得重

要，尤其是對上我們這個認為資產配置遠比股票選擇來得重要的世界。當這些顧問發現自己的績效是根據這種角度來檢驗後，他們就知道根據市場基準來製作投資組合，才是降低表現差於市場、失去客戶此一機率的辦法。不幸的是，高於市場基準的超高獲利也因此消失了。

追求和市場基準回報相當的投資者，可以將自己的目標放在透過大型基金家族來獲得、甚至只需多出三個基點的回報。然而，對於我們這種希望獲得超越市場回報的投資者而言，我們必須捨棄掉把追蹤誤差作為風險參考的觀念。如同我在《個人指標》中所寫的：「一旦將市場基準視為黃金標準，聰明的資金管理者就不會再去冒非常規性的風險或做出破格的舉動，即便他們察覺到眼前出現了極好的機會。」

經濟學家凱因斯曾說，「因為常規而失去名聲，也好過因為破格而失去名聲。」而基金管理者正以超越我們所能理解的矛盾方法，來展現出此一態度。規則基礎行為投資者深知，高度集中且異化的投資，是唯一值得我們付出的投資，而指數型回報就應該用指數的價格去購買。

主動式管理的優點

證據告訴我們：「高度集中」是獲得優於市場表現的方法。瓊斯（Meredith Jones）是另類投資（alternative investment）[15]界中非常知名的國際級學者，也是深入探討出色女性資產管理者都知道的投資因素——《華爾街的女性》（*Women of the Street*）一書的作者。在瓊斯企圖去蕪存菁的過程中，她觀察到下列情況：「在我所採訪到的女性管理者中，多數傾向於採取投資界稱之為『高度集中』的投資組合。此種投資組合意味著將持有進行多樣化，但也不至於因為選擇了二類、三類、四類而過度分散，導致投資組合的回報被稀釋。」

儘管瓊斯的研究對象以女性基金管理者為主，但這個發現也適用於更廣泛的族群。柯恩（Randy Cohen）、波克（Christopher Polk）和希利（Bernhard Silli）等學者發現，一支基金最棒的想法（由部位規模來決定），每年能讓該基金的表現高於市場6%（平均而言）。更重要的是，此種

---

15 有別於股票、債券、房地產、共同基金等傳統投資類別，另類投資意指外匯、大宗商品及能源市場等期／現貨投資類別。

表現會因為部位的減少而逐漸減少！[16] 多數關於主動式管理者績效低於市場的討論，都錯誤地將結論定位為管理者缺乏挑選股票的技巧。然而就事實看來，真正讓主動式管理者績效不理想的原因，並不是因為缺乏能力，而是因為缺乏集中火力的勇氣，導致他們未能獲得顯著的績效。

在資產類別內、外做到多樣化，是行為投資的最大特徵，而這麼做也不意味著投資者的回報注定會因此縮水。在了解一些科學研究與更詳細的探究後，我們知道多元化和信心是可以共存的。如同巴菲特曾經說的話，「每一位投資者的目標，應該是創造一個能在約莫十年後，為自己帶來最高透視盈餘的投資組合。」過度的多樣化會拖垮投資獲利，風險越小情況反而更糟。倘若多樣化是投資上「正確但不誘人」的行為，那麼高度集中型多樣化或許能為這件事增添些許誘惑。

---

16 柯恩、波克和希利，〈最棒的點子〉（Best Ideas）。

行為投資的三階段漏斗效應

我們可以將創造「規則導向投資」（RBI）的概念，用
一個共有三階段、且逐步通往特異性的「漏斗」來表達。
在設計「行為資產管理計畫」的第一步，我們必須先列舉
並編纂最普遍的行為風險，為了做到這一點，我們必須構
思一套可有效減少五大行為風險因子的程序。你可以用
「4C」的口訣來記憶這套流程：

1. 一致性（Consistency）

2. 清晰度（Clarity）

3. 勇氣（Courageousness）

4. 集中（Conviction）

　　一致性確保我們系統性地避開行為風險的五大因子，而不是純粹依賴我們的學識或意志來保護投資；清晰度則能讓我們將注意力放在簡單但可行的變項、而不是誘人但機率不高的數據上（全權委託投資方式相當偏好此點），來解決資訊風險與注意力風險的問題；情緒和保守風險則讓我們在出於恐懼與主觀感受的影響下，對市場時機做出最差勁的判斷，從而偏離了以數據為本的大膽RBI辦法。

　　最後，如果我們追求的是超越市場的表現（這也是選擇成為主動投資者的唯一理由），我們必須追隨高度集中的投資策略，以避免因為自滿而疏忽多樣化（自我風險），或在非理性的恐懼襲擊下，買進整個市場（情緒風險）。

　　現在，我們已經理解該如何防範行為風險以及該如何制定投資組合，那麼最重要的問題出現了——**我們該用什麼方法來決定這份投資組合的構成要素呢？**

▼

持續創造優異績效的
5P 選股法

所有的模型都是錯的，但有些很有用。

——喬治·E·P·博克斯（George E.P. Box）
統計學家

　　在擁有關於行為弱點的知識與一套可以克服這些弱點的程序後，我們現在所欠缺的，就是關於在選擇一組股票時、我們該尋求什麼特質的小問題。接下來的內容，是我以研究為根基，試圖將「在華爾街哪些是有用的」放進規則基礎行為框架下的最佳成果。而這也是我們需要「5P 選股法」之處。

　　儘管我深信此處所呈現的 5P 是極為有效、且經得起時間考驗的方法，但我不建議讀者在選擇股票時，僅依賴這一套方法。市面上還有許多成功的選股法，而我認為在投資上採取一致、集中、勇敢且清晰的方法，遠比是否將

一套具體因素納入考量來得重要。追隨一份邏輯清楚的食譜，遠比選擇特定食材來得重要。

為了替在創建RBI投資組合時最重要的五大基本考量奠定良好基礎，我們必須理解下列兩件非常重要的事實：

1. 5P的最大目標就是讓我們在選擇股票時，能獲得更有利的機率。
2. 5P並非永遠有效。

在前面的章節中，我曾以賭博作為例子，這裡我必須再次以賭博為例，因為作為一名成功的行為投資者就像是要學會如何做莊，而不是成為醉醺醺的賭客。與大眾的想法相反，莊家並非永遠、或經常成為贏家。多數時候，莊家領先的比例也不過些微超過50％。儘管如此，他們知道頻繁且一致地去執行一套有原則的程序，能帶來驚人的效果。下一次，當你身處在賭城某家富麗堂皇的非理性殿堂時，請想想「些微高於平均」機率的力量。

同樣的，規則基礎投資的目標，就是對你的投資組合進行簡單、系統性的改善，藉以試著得到額外的1％或2％，透過這一點點的提升，就能對風險管理及長期財富

累積帶來顯著的正面影響。如同統計學家席佛所說：「成功的賭徒或任何一種能成功預測者，在思考未來時並不是想著找出零損失的賭注、無懈可擊的理論，或精確無比的衡量標準。這些僅僅存在於易受騙者的幻想中，也是過度自信的警報。相反的，在成功賭徒的眼中，未來更像是由機率所組成的點，和股市報價器一樣，隨著每一則新訊息的衝擊而向上或向下跳動。」

讓我毫無保留地告訴你：RBI 模型並不完美，在某些期間裡，追隨這套模式的成果甚至不比追著被動的資本加權指數來得出色。但這套模式的用意，就是持續利用市場上其他參與者的心理弱點，讓機率更有利於我們。隨著時間的推移，我們見到金融市場上出現了上百次異常現象（或因為某些怪癖所導致的回報扭曲）。而讓少數幾種異象能有別於其他本質上總會逐漸消散異象的主要原因，就是人類的行為。5P 之所以能善用這種持續出現的行為異象，就在於它具備的無時效性、通情達理且最重要地——根植在確保它能永遠有效的迂腐心理傾向中。

對許多人來說，RBI 所展現的中庸之道，看起來並不具有吸引力。被動型信徒或有效市場提倡者或許會認為所有將市場排除在外的方法，都只會導致淒慘的下場，並因

此選擇遠離這些方法。而在另一個極端上，那些篤信自己絕對可以年復一年地選到少數幾檔最強股票（儘管證據已經告訴我們這不可能）的投資者，則或許會認為只能「讓機率稍稍有利於自己」的RBI，未免也太過無趣。

但對於我們來說，如果試著「做對少數幾件重要的事」就能獲得有利的結果，那麼我們甘願承受這樣的不性感。統計學家席佛也同意這一點（至少在撲克牌上面），他說：「將少數幾件基本的事情做對，能讓我們走得更遠。舉例來說，在玩撲克牌時，只要能做到在拿到壞牌時蓋牌、拿到好牌時跟進，並稍微去猜測其他玩家手中的牌，就能顯著地減少你的損失。如果你能做到這樣，那麼或許在80％的時間裡，你就能和最強的撲克牌玩家做出同樣的決定……即便你只花了20％的時間來研究牌局。」

如果我們在行為上能一致地買進那些在過去往往能因人類行為而享有優於市場回報的股票，我們就能同時享有令人愉快的回報與生活，並擺脫作為一名股市分析者的無趣日常。

在我認真地介紹RBI之前，我想在一開始，先發制人地提出一個讀者對於RBI可能會抱持的疑慮：這太簡單了。在如此浩瀚的數據汪洋中，我們卻只盯著五個簡單的

變項，這對某些人來說簡直是思想過於單純的表現，而這則建議甚至還是一位來自阿拉巴馬州的男子所提出來的，可能更會讓他們覺得萬萬不可輕信。但並不是只有我一個人認為：幾個簡單的規則與變項具有極大的影響力。財經顧問惠特曼（Martin Whitman）認為，「根據我個人近年來身為投資者與長久以來作為專家的經驗，真正對經濟重要的變項，很少會超過三或四個。其他的不過是噪音而已。」

同樣的，創下世界上其中一項最了不起紀錄的巴菲特，長久以來也一直奉行幾件自己在研究所時期學會的原則。如同他所說的，「可靠的原則能帶你走過一切苦難。而我真正從葛拉漢和陶德（David Dodd）身上所學到的基本原則，從未改變過。這些原則帶領我走過好時光，也陪我度過壞時光。從頭到尾，我都不需要擔心這些原則，因為它們是有效的。」

最後，你或許可以思考：一名出色的投資者，其實就像是一名出色的廚師。他們同樣掌握了廣泛的實用技術，並試圖使其臻於完美。

開場白說夠了，是時候來深入探討5P選股法了。

你是笨蛋嗎？

「你很笨。」

「你錯了。」

「我知道的比你多。」

每當你買進或賣出的時候，人們總是這樣對你說，因為我們都是零和遊戲的玩家。更讓人害怕的是，在抨擊你決定買進或賣出的人之中，有70％的人是專業投資者，他們所擁有的技術和資訊都是你所不能及的（更別提那些不怎麼相關的髮油和條紋西裝）。

在面對如此強大的對手，我們唯有指望心理層面所賦予我們的優勢。在速度、門路或市場教育方面，我們確實不如人，但我們在紀律和心理層面，絕對可以強過別人。巴菲特最喜歡的老師葛拉漢曾說過一條紀律：「我們首先需要的，是一個關於買進的明確規則，而這條規則有一個驗證基礎——用低於該股票價值的價格買進；第二，你所操作的股票數量必須充分到足以使這個方法發揮效用。最後，在賣出上你必須有一個明確的指導原則。」

RBI模型符合了葛拉漢的所有條件；而你所需要的，就是紀律。在我介紹這五大支柱的同時，我會針對其效用

給予讀者實證經驗與學理方面的證據。畢竟我們所追求的，是一個經得起時間考驗且根植於常識的因素，而不是隨機演算出來的變項。

每一次，當你從受過良好教育、具備高度競爭力的交易好手那兒買下一檔股票時，他們肯定會笑你很傻——而你可以證明他們錯了。持續創造優異績效的 5P 選股法是：

1. 價格（Price）
2. 資產（Properties）
3. 陷阱（Pitfalls）
4. 人（People）
5. 推力（Push）

P1：價格——永遠不要出價過高

在鹽湖城一個狂風暴雪的冬日裡，我學到了或許是我職業生涯中，最重要的一堂課——**價格會影響人們對品質的感知**。當時，我剛結束一場在美國大飯店（The Grand America）舉辦的演講，對象是一群有興趣將行為金融學應用到自己工作上的財經顧問們。我對自己整體的表現還

算滿意，聽眾給予我的回應也還算熱烈，於是我開心地在會議室外頭喝著帶有慶祝意味的健怡可樂。就在此刻，僱請我來演講的男子走了過來。

原本我預期對方會稱讚我表現得不錯，沒想到卻得到了意外的反饋：「大家覺得你太爛了！」

「不好意思……？」認為自己絕對表現得比他所說的要好、且認為這場研討會非常成功的我這樣反問。他繼續說道：「我很希望能多雇用你幾次，但總部的人卻認為你的收費之所以會這麼低，肯定是因為你很爛。他們從未見過你，卻只因為看到你的價碼就假設你很差勁——他們覺得你不怎麼樣。」

我們朝著飯店的會客廳前進，一路上他不斷說服我在不需要改變自己演說內容的情況下，將自己的價碼提升為三倍或四倍。他認為，如果我能用「更高的收費」來證明自己確實具備某些能力，別人就更容易被我說服。在基於恐懼的心態下，我將所有的演講費用都提高為三倍，而我的薪水在此之後也成長到了五倍之多。儘管我確實希望在時間的砥礪下，我的演講風格能確實出現些許改變與進步，但現在的我跟當初收費較低的我，在本質上依舊是同一個傻子。但對人類有更進一步理解的我（價格決定對品

質的感知），也因此開創出更美好的職涯。希望現在覺得我很爛的人比較少了。

關於這個「價格決定感知」的小故事，史丹佛大學的希夫（Baba Shiv）教授透過「水平品酒」（horizontal wine tasting）[1]的研究，充分解釋了這個道理。希夫讓參與者平躺在 fMRI（功能性磁振造影）機器上，並讓他們飲用附上價格標籤、以滴定方式盛好的少量酒精。接著，當參與者在啜飲紅酒時，他就以機器觀測對方的腦部活動，試圖找出價格與腦部思路的關係。具體來說，希夫希望能觀察到大腦的「腹內側前額葉」，也就是我們辨別快樂的區域有何變化。

果不其然，他發現：認為自己在喝 90 美元葡萄酒的參與者，其大腦愉悅中心的活躍程度，明顯比喝 10 美元葡萄酒的時候來得更高。唯一的問題就在於：那兩杯酒其實都是 10 美元，也就是參與者所拿到的酒是一模一樣的！這就意味著大腦愉悅區塊的活躍程度之所以出現差異，完全是出於價格考量，而不是品質考量。其他時候也

1　譯注：意指一種品酒的模式，品酒者會品嘗同一個年份但不同生產者的酒。

是如此，我們經常將價格視為品質的優先決定條件。

這種價格與品質結合的思維傾向，讓我們更容易以過高的價格買下衣服、車子或一杯咖啡，但就零售購物行為來看，這種傾向並不會對我們造成極大的損害；但在投資上，這卻會引發巨災。民調機構蓋洛普對美國投資者進行了週期性調查，請受試者決定「當前是否為投資的好時機」。蓋洛普發現，受試者的答案和股市的回報有著極為強烈的關聯性，然而此種關聯性與我們的猜想恰好相反。

在投資者認為此刻「就是買進好時機」的時候，股市往往正好處於攀爬到最頂峰的前後，也就意味著中期結果勢必不會太好。如同席佛所寫的：「在蓋洛普的調查中，最高紀錄出現在2000年1月，當時有67%的受訪者認為此刻就是買進的好時機。然而在僅僅兩個月後，NASDAQ和其他股市指標開始崩盤。相反的，在1990年2月的時候，僅有26%的投資者認為此刻是進場的好時機，但在往後的十年之中，S&P 500的價值成長了近乎四倍。」

就跟品酒或聽演講一樣，股市價值爬得越高，人們就越覺得股市前景很好。然而不同的是——在價格與股票表現之間存在著逆相關，亦即價格越高，得到的越少，句點。

有一件事——儘管或許會破壞我們對品質的感知，卻

是極為普遍的現象：當商品打折時，我們往往買得更多。如果你的衣櫃跟我一樣，肯定也塞了很多根本穿不上的衣服。而我們當初會買這些衣服，只是因為它很便宜，跟我們喜不喜歡或需不需要無關。然而股市就像是這普遍原則的例外，而這種情況對投資者來說是有害的。

巴菲特透過「漢堡」的例子，完美地闡述此一道理。他說：「假如你計畫這輩子都只吃漢堡，並且你也不是養牛的人，那麼你希望牛肉的價格高一點還是低一點呢？」答案非常清楚：作為漢堡的消費者，應該希望價格越低越好。他繼續說道：

但現在讓我們最後檢驗一下：假如你希望在未來五年內成為淨儲蓄者，那麼在這段期間內，你應該希望股市越高、還是越低較好？許多投資者的回答都錯了。儘管在未來的許多年裡，他們會成為股市的淨買家，然而他們卻在股市上漲的時候歡欣鼓舞，下跌的時候垂頭喪氣。實際上，他們就像是因為自己即將要買的「漢堡」價格漲了而沾沾自喜。這種反應一點道理都沒有。只有近期打算出清持股的賣家，才應該因為股市上漲而開心。潛在的購買者

應該要期待價格下滑出現才對。[2]

　　如同巴菲特，同樣身為價值投資者的霍華‧馬克思是這樣解釋出價過高的危險：「投資就像是受歡迎度的測試，而最危險的事情莫過於在股票最受歡迎的時機點買進。在這個時間點下，所有有利的因素和想法都已經反映在股價上，也沒有多少新的買家會出現。最安全且最具潛在獲利的條件，就是在沒有人喜歡這檔股票的時候買進。只要等待，這檔股票的受歡迎程度以及與之相伴的價格，只有一條路走——向上。」我百分之百同意——在確保自己能獲得適當的回報與風險控管上，付出適當的價格（價值投資中時常提到的）是我們所能做到的最重要一件事。

▌價值投資就是一種風險管理

　　近期，我被邀請對一群想要尋找新點子的大型機構基金管理者，發表RBI此一概念。他們非常認真地聽講，也提出許多好問題，最後，他們終於提出一個你會希望所有

2　康諾斯（Richard Connors），《向巴菲特學管理》（*Warren Buffett on Business: Principles from the Sage of Omaha*）。

基金管理者都時常掛在心上的問題：「在風險管理上你會怎麼做？」

最終我討論了數個我所採取的風險管理措施，但這所有的一切都必須建立在一個極為簡單的重要基礎上——**在考慮所有其他的因素之前，先考慮價格**。提出這個問題的男子不可置信地看著我，然後說：「但風險在於波動性，不是價格。」他的回應突顯了華爾街普遍重視模型勝過於邏輯的思維，而這也製造出一個能讓我們勝過機構投資者的優勢。

在這方面，霍華·馬克思又一次展現自己的智慧，他說：「換而言之，高風險主要源自於高價格……儘管理論學者認為回報和風險是兩件獨立的事（雖然兩者相關），但價值投資者則認為高風險和低預期獲利不過是一個銅板的兩面，且都是源自於高價格。」要想透過股價的變化來賺錢，有兩種、也僅有這兩種方法。第一種是預測市場時機，而我們已經知道這件事極難做到；第二種就是透過合理的出價，相較之下這件事簡單多了（儘管心理上可能比較煎熬）。一項資產的風險永遠都和你花多少錢買下它，有著無法切割的關係。支付合理價格是避險投資者的最好朋友。

光憑直覺，我們就能理解支付合理的價格確實能減少風險，但就算是根據「他們」的「波動性等同於風險」規則來看，此論點也依舊能獲得實務上的支持。專業投資人歐沙那希在他那堪稱所有研究之母的研究中發現，魅力股（價格高、分析師的最愛）的標準差之所以比價值股（價格低、不被分析師青睞的股票）來得更高，主要就是因為其「魅力」所導致。

　　知名投資公司崔帝布朗（Tweedy, Browne）將股票依據市現率或股價現金流量比（P/FCF），依序分成十個等級，並檢驗了在過去股市表現最差的二十五個月及八十八個月份內，這十個組別的表現。他們發現，價格較低的股票，表現得較好。如圖14所顯示的，在市場遭遇波動期間，有強烈的趨勢顯示價格較低的股票，損失的錢較少；此外，僅有位在最便宜股票之列（之所以便宜或許是有原因的），沒能符合此一趨勢。

　　最後，價值股不僅普遍來說可以降低損失，在股災中它們的損失往往也較低，而比起一般的波動，這種股災造成的傷害往往最為慘重。如同格雷博士在《計量價值的勝率》一書中所說的，「多數時候，魅力股價格直接砍半的機率往往是價值股的三倍；魅力股有7％的時候其跌幅達

圖14 1968年4月至1990年4月，在最好與最壞時期下，根據PCF區分成十組的股票，各組平均每月投資回報（％）

PCF 分組	最高市現率									最低市現率
	1	2	3	4	5	6	7	8	9	10
股市最差的25個月內回報	-11.8	-11.1	-10.6	-10.3	-9.7	-9.5	-9.0	-8.7	-8.8	-9.8
股市下跌時，接下來88個最差月份內的回報	-3.0	-2.8	-2.7	-2.4	-2.3	-2.1	-2.0	-1.9	-1.6	-2.0
股市最佳的25個月內回報	12.1	12.5	12.2	11.9	11.6	10.9	11.2	11.5	11.9	13.6
股市上漲時，接下來122個最佳月份內的回報	3.7	3.9	4.0	3.8	3.9	3.8	3.8	3.8	3.7	3.8

資料來源：Tweedy, Browne LLC

到或甚至超過50％，與此同時，價值股僅有2％的時候其跌幅可能達到或超過50％。」

拉克尼喬克（Josef Lakonishok）、施萊費雪（Andrei Shleifer）和維希尼（Robert Vishny）在其研討會論文〈逆

向投資、外推和風險〉（Contrarian Investment, Extrapolation and Risk）中則指出，「價值策略之所以能獲得較高的回報，是因為這些策略利用了普遍投資者會犯的錯誤，而不是因為這些策略本質上較為冒險。」

醫學院的學生以必須遵守「希波克拉底誓詞」而聞名。該誓詞要求醫生在兩個方面上，必須堅持道德標準：不傷害和行善。所謂的不傷害，或它所意指的「首先，切勿傷害」是唯一的禁令——要求醫生去思考醫療行為可能會對病患造成傷害，或使其蒙受預料之外風險的可能。儘管去思考一項行為所帶來的好處（或出於善意的行為），是非常本能的舉動，但風險管理事實上更為重要。同樣的，對於一名投資者來說，首要且最重要的任務就是管理風險，而「利用合理價格去購買」就是我們所能做到的最好辦法。

然而，購買價值股並非只是一種可靠的風險管理技巧。無論是就時間、產業或地域性來看，此舉還能提升我們的回報，而這就是接下來我們所要討論的。

物超所值的價值股

有許多種方法可協助我們衡量股票的價值，像是股價

營收比（P/S）、本益比（P/E）、股價淨值比（P/B）和股價現金流量比（P/FCF）。儘管這些方法都有其強項與弱項，但它們也都點出了一個基本事實——**長期來看，價值股的表現比魅力股來得好**。策略專家蒙蒂爾發現，每年「明星股」（如歷史表現佳且預期會成長）的表現，都比價值股低上將近6％。[3]行為經濟學家史塔曼則發現「被鄙視」的股票，其表現也優於魅力股，且甚至是用那些評論員經常用來批評它們的指標，如規模、風格和勢頭等來衡量之後。

拉克尼喬克、施萊費雪和維希尼在〈逆向投資、外推和風險〉中，檢驗了股價淨值比對回報的影響。他們發現在一年的期間內，低股價淨值比的股票（即價值股），其表現比高股價淨值比的股票（魅力股）高了73％；三年期間內為90％、五年期間為100％。深深被這個結果打動的他們，根據此一原則成立了一間投資公司，且成果斐然。

另一項值得關注的研究為：耶魯大學教授伊伯森（Roger Ibbotson）根據本益比，將所有股票平均分成十個等級，並評估這些股票在1967至1985年間的表現。伊伯

3　蒙蒂爾，《這才是價值投資》，大牌出版。

森發現，在這段期間內，最低等級股票的表現，超越了最貴等級股票600％，也超越「普通」等級股票200％。[4]在一份相似的研究中，法瑪（Eugene Fama）和法蘭齊（Kenneth French）檢驗了1963至1990年間，所有「非金融股」的表現，並根據股價淨值比將這些股票平均分為十組。根據他們的研究，這段期間內最便宜股票的回報，是最貴股票的將近三倍。[5]

而針對各個變項進行最詳細檢驗的，莫過於歐沙那希在《華爾街致勝祕笈》中所進行的研究。該研究使用了現在已經為世人所熟知的十等級方法，將所有股票平均區分成十個等級，並觀察它們在1963至2009年間的回報。他的成果突顯了價值投資的效用，以及年化回報的小小改善可以如何大大促進財富的累積。在檢驗了本益比後，他發現根據本益比所挑選出來的最便宜股，能在每年16.25％的年化成長率下，讓1萬美元增長到1,020萬2,345美元。與此成果相比，指數的11.22％回報率在同樣期間內，只

4　伊伯森，〈1967至1985年，紐約證交所的投資組合十等級〉（Decile Portfolios of the NYSE, 1967-1985）。
5　法瑪和法蘭齊，〈股票預期回報橫向分析〉（The Cross-Section of Expected Stock Returns）。

能讓 1 美元成長到 132 萬 9,513 美元——買進便宜的股票不僅能讓你多賺 900 萬，在此期間所出現的波動還比較小，且違背了有效市場認為高風險才能獲得高回報的想法。

　　儘管如此，為什麼那些位在最昂貴組別內的股票，會得到「魅力」這樣的光環呢？在根據本益比所區分的十個等級中，最高等級的股票在 2009 年的時候，能讓 1 萬美元成長到 11 萬 8,820 美元，比市場指數的成果還少了超過 100 萬美元，也比購買那些受人嫌棄的價值股還少上 1,000 萬美元。這個數字戲劇化地闡述了巴菲特的觀點——在股市裡，令人興高采烈的共識會讓你付出昂貴的代價。事實上，「不確定性」才是投資者在長期價值方面的好朋友。

　　歐沙那希針對其他價值變項所進行的檢驗，同樣也得到了令人印象深刻的結果。根據企業價值倍數（EV/EBITDA）所篩選出來的最便宜股票，在連續期間內的表現「全都」超過股票指數 100%，且差距幅度高達 181%。而根據同樣方法找出來的最貴股票，其表現甚至低於美國國庫券！而根據股價現金流量比（P/FCF）所挑出來的便宜股，表現也同樣出色。根據 P/FCF 所均分的十個等級中，最低等級的股票在 1963 至 2009 年年底時，能讓 1 萬

美元成長到超過 1,000 萬美元，與同時期內指數的 130 萬美元回報相比，表現可謂相當優異。而這樣的表現也能一直維持，較便宜的 P/FCF 股票在連續十年間，擊敗指數 100％，並在連續五年間，擊敗指數 91％。[6]

我還可以繼續說下去，但我相信我的觀點已經被充分地證明——**價值股能以較低的波動性且令人驚豔的一致性，帶給投資者更大的回報**——有哪一點能讓人不喜歡它呢？

▌有利可圖的痛苦

假使價值投資是這樣的王者，又為什麼僅有不到 10％（根據估計）的基金，是根據價值原則來運作的呢？在網際網路泡沫於 1997 年年底發展到高峰時，那些將錢放到十個等級中最貴「話題股」的投資者，在 2000 年年初，就可讓這些錢成長為兩倍甚至超過。這種大規模的複合效果，主要屬於成長股的範疇，且比起較不誘人的價值股，成長股更有機會出現這種情況。價值投資能讓你在一

6　歐沙那希，《華爾街致勝祕笈》。

段日子之後變得富有，但成長股卻能讓你一夜致富。

　　儘管如此，正如同我們在前面章節所學到的，在地球上沒有任何一件事情逃得了「這也終將過去」。我們虛構故事中的投資者，憑著時下的熱門股在兩年內大賺一筆，然而他的財富卻也消逝得極快。在2000年2月至2009年2月間，在十個等級中最高等的股票，其價值將會下跌82％。儘管魅力股可以短期衝到最高，但正如同我曾說過的，一夜致富和迅速入貧不過是一個銅板的兩面。

　　研究告訴我們，價值投資經得起時間、不同產業和不同區域的考驗。儘管有些投資異象既短暫且無關緊要，但我敢大膽地說，在觀察了價值投資與人類心理互動的方式後，我認為在可見的未來裡，價值投資一定能為長期投資者帶來益處。我之所以敢大膽地壓在價值投資身上，就如同我敢肯定一月和二月的健身房往往是最擁擠的幾個月一樣。一曝十寒是人類的本性。

　　「看到比較貴的東西就覺得那是個好東西」是我們的本能，而價值投資要求我們克服這種本能。價值投資要求我們為了長期且一致的回報，放棄瞬間致富的短期機會。作為一名價值投資者，我們必須刻意忽視那些圍繞在話題股周圍的精彩故事，充耳不聞，然後去買那些被大眾鄙視

且認定前景不出色的股票。但正因為這種種情況恰好與大眾的看法背道而馳，因此價值溢價會一直存在。

葛林布萊特大受歡迎的神奇公式說明了，價值投資根本不存在什麼神奇魔力。相反的，他告訴我們：你應該要去買那些預期獲利很低、低到就算爆發壞新聞也影響不了它的股票。將「價格」視為首要條件，也意味著將我們的投資實踐構築在名為「真實」的基石上，而不是「預期成長」那座空中花園上。

魅力股投資假定未來是可知的，然而現在的我們明白這是不正確的。價值投資願意接受現實的真面目，對於未來的看法也只有：物極必反，逢高必跌。你以各種可能的角度來程序化自己的行為，為了價格相對較低的股票，放棄那些更貴、有著更精彩故事的股票。價值投資要求我們否認自己的本能傾向，做出讓人痛苦的事。而正是因為如此痛苦，所以成果才如此美好。

行為校準怎麼做？

思考：「好的開始就是成功的一半。」

問：「如果是現在這個價格，我願意買下整間公司嗎？」

做：有系統的避開昂貴的股票——沒錯，總是如此！

P2：資產——品質至上的買進策略

1963年2月6日，庫克（David Cook）在德州的達拉斯開了第一家百視達。利用掌管龐大資料庫的經驗，庫克創造了一個可以反應該店服務區域內大眾選片品味的系統，讓百視達各分店可以多存放一些符合顧客需求的影片。在這種大規模客製化的幫助下，百視達成為家喻戶曉的品牌，而整間公司的營運模式也搖身一變，成為「創新」的代名詞。

在1987年，百視達繼續拓展自己深具開創性的觸角，它透過和任天堂的官司開啟了電視遊戲租賃市場。到了

二十世紀末，已經發展成一家大企業的百視達，有機會可以用5,000萬美元的價格，買下當時才剛剛起步的Netflix。在一場會議中，百視達否決了這項合併，而Netflix的共同創辦人如此描述這場會議：「他們完全不把這當一回事兒。」

在同一年的年底，百視達改變了自己的方向，決定與安隆寬頻服務（Enron Broadband Services，提供隨選視訊）簽約。如今，Netflix的市值高達330億美元，而安隆的下場——嗯，你知道的。在2000年代的早期，攸關著百視達未來形態的數位產業，變化劇烈而尚未定型，因而百視達的股價，就如同坐著雲霄飛車一般。在2012年的第二季到第四季為止，百視達的股價跌了一半，收在低於15美元的價格。如果利用上一個章節我們所討論到的各式各樣「價格」評估方法來看，此刻的百視達就是最划算的選擇。然而那些抱持著「價格至上」中心思想的人們，可能將會為自己的單維性思想，付出慘痛的代價。五年後，百視達的股價掉到5美元之下，十年後，該公司已經不存在了。一個憑藉著創新名聲起家的美國大企業，卻也因為失去創新而倒閉。

百視達的故事闡述了單憑一間公司的價格，而不去考

量該公司的品質，我們便無法決定這個價格到底是貴還是便宜。理解市場參與者並不是全部都很理性，和認為市場上所有參與者都是不理性的，畢竟是兩回事。很多時候，股價之所以這麼低，就是因為該公司品質不好。事實上，前芝加哥大學教授皮爾托斯基（Joseph Piotroski）發現，儘管價值股（根據股價淨值來判斷）的總體表現優於市場，但有57％的價值股在一至兩年的期間內，其表現低於市場。而價值策略的表現之所以能這麼出色，就是因為少數的價值股能呈現出如此驚人的正向回報（儘管多數時候市場參與者對這些股票的評價確實滿正確的：它們真的很爛。）

請試著想像：如果我們能不僅僅用價格來篩選出價值股，還能憑藉著品質，讓我們不但能用合理的價格去買進，還能去除掉那些極有可能獲利不佳的股票，事情將會多麼地美好。規則基礎行為投資者明白，價格的感知必須建立在品質之上，因此他們會去尋找不只是價格低、品質還要好的公司。

巴菲特的導師葛拉漢，是巴菲特所說「雪茄屁股投資法」的忠實追隨者。葛拉漢希望能撿起猶如雪茄屁股的公司，滿足地抽上最後一口菸，不管這家公司最後到底會不

會倒閉。葛拉漢這種「net-net」（純淨值）投資法，單純地以一間公司的「淨流動資產」來評估其價值。他希望買進那些股價低於其清算價值的公司，這樣一來，就算公司倒閉（如同雪茄屁股般），他還是能因為這場不幸賺得一些利益。

在巴菲特剛開始起步時，他曾試著尋找此類net-net價值，然而他很快就發現，與過去身處在經濟大恐慌時期的葛拉漢相比，現在已經很難找到這類型的公司了。不久後，巴菲特和蒙格成為商業夥伴，而他也從對方身上學到他這一生投資中，最重要的一堂課——用普通的價格買進一間好公司，遠比用昂貴的價格買進一間普通的公司還要好。我們在前面一節中，討論到買進價必須要合理——現在，讓我們將注意力集中到該如何找出好公司。

▌ 在雪茄屁股之外

規則基礎行為投資的特徵，就是結合「合理的價格」與「優秀的公司」，因為它們深知未來的不確定性。我們不知道未來會對市場或我們所選擇的股票下什麼樣的手，因此我們必須在價格與品質上取得一點額外的緩衝防護。用投資的術語來說，我們必須尋找足以隔絕我們與未知未

來的護城河。《向女性學投資》一書的作者洛芙頓，透過無人能及的精闢言語，闡述了此一想法：

在想像這條護城河時，不妨將其想像成童話故事中捍衛著城堡、保護公主不被飢餓的飛龍吃掉，或被好色的王子騷擾的那條河。在商業世界中，一條護城河的作用就是保護一間公司和其潛在獲利能力，使其遠離虎視眈眈且色瞇瞇的競爭對手。這條河可以是任何一個讓該公司之所以能如此與眾不同、且使其比對手更具優勢的原因，並讓該公司能長久地創造出較高獲利。

這個概念確實很符合直覺（畢竟誰會想買一間很爛的公司），但要尋找一個能精確反映出品質、同時還能預示著未來獲利改善的特異性指標，並不是一件容易的事。投資者在評估一間公司的品質時，最常犯的錯誤就是企圖透過評斷該公司的產品或服務對人們生活是否重要，來決定這筆投資正不正確。然而這件事與「挑選出一家可靠公司」，其實是兩回事。我們很難找到好投資的其中一個原因，就在於壞投資也經常是真假摻半，像是「創新的產業就應該要賺創新的錢。」

請想想「飛機」這個例子。面對這樣一種無論是對我們的生活或商業營運方式都造成巨大影響的科技，我們很難只是將其視為一種賦予我們快速且廉價移動相對遠距的能力。美國國家航空交通管理員協會（NATCA）指出，光是美國境內，每天就有八萬七千班航班！儘管如此，將錢投資在這樣一個了不起、徹底改變世界的科技上，卻往往落得壞結果。身為航空愛好者且曾經因為投資航空股而損失慘重的巴菲特，在接受英國《每日電訊報》的採訪時，做出了相當生動的描述：

　　如果在1900年代早期曾有一名資本家來到小鷹鎮，他一定會殺了萊特兄弟。這樣就能替後代多留下些遺產。不過說真的，航空業真的很了不起。在過去一個世紀裡，該產業以絕無僅有的方式吞噬掉了巨額的資本，因為人們總是前仆後繼地湧入，爭著將熱騰騰的鈔票獻給他們。你有很高的固定成本、很強的工會組織和商品訂價。這些都不像是會帶來成功的祕方。現在，如果我有任何衝動想要購買航空股，我手邊就有八百個免付費號碼可以打。今天早上，我打給了其中兩家公司並說：「我的名字是華倫，而且我是個航空愛好者。」然後他們說服我了。

如同航空旅行，網際網路顛覆了我們的生活，但在投資回報率上，卻沒有給過我們太多好處。現在，每一分鐘就會有網路使用者寄出兩億四百萬封郵件，這個景徹底改變了我們的溝通行為；臉書，一個期望能將所有人連結在一起的平台，達成了用戶數量超過十億人的紀錄；推特則經常吹噓著每分鐘都會有三十七萬則推文發出，且力量甚至大到在 2013 年的時候，一則假的推特發文就讓美股市值瞬間蒸發了 1,300 億美元。網際網路的巨大成功確實不容置疑，但就如同過去的航空公司，投資者經常會混淆網路股的社會影響力與投資價值。

《漫步華爾街》一書描述了在網際網路泡沫期間，獲利是如何變成過去式：

不知為何在勇敢的網際網路新世界裡，行銷、收入和獲利都變得不再重要。為了評估一間網路公司的價值，分析師開始以「吸睛率」作為衡量手段——網頁被瀏覽人次或一個網站被「拜訪」的次數。米克（Mary Meeker）熱情洋溢地稱讚 Drugstore.com，因為瀏覽該網站的人之中，有 48％都是「高參與度購物者」。然而沒有人在乎這些鐵粉，到底有沒有掏出錢來。「銷售」此一概念已經淪於過

時。在泡沫最高峰的2000年，Drugstore.com的股價攀爬到67.5美元。一年之後，當這些眼睛開始看向獲利後，該公司立刻變成低價股。

如同墨基爾的智慧之語：「投資的關鍵不在於一個產業能對社會造成多大的影響、或該產業能成長多少，而在於它創造並維持獲利的能力。」[7]

▋ 這些獲利是有利可圖的嗎？

如果萬眾矚目的革命性新點子無法讓我們致富，或許我們應該將目光放在更踏實的競爭優勢指標，像是毛利率等。畢竟龐大的毛利率絕對是構成護城河的一大特點，也比那些用於評估混亂新創公司的非金融性指標來得合理。

歐沙那希將股票依毛利率分成十個等級，並檢驗十組中最高等級者的投資效益，並將其表現拿去與單純地買全股類別的成果做比較。如果你從1963年的12月31日起，每年都拿1萬美元去投資毛利率等級為前10%的股票，到

---

7 墨基爾，《漫步華爾街》。

了2009年的年末，你將會拿回91萬1,179美元，複合回報為10.31％。聽起來真不錯，直到你看到什麼都不做、單純地去買全股類別的回報率之後。買指數的投資者得到的複合回報率為11.22％，最終的資金則成長到132萬9,513美元。小心翼翼將錢全部拿去買獲利能力最高股票的你，卻讓自己少賺了40萬美元！此一結果也證實了崔帝布朗公司的研究：**無利可圖的雪茄菸屁股，每年的回報率比那些獲利能力更好的股票高出了2.4％。**

所以，我們得到了什麼結論呢？如果熱門趨勢只會讓我們的獲利打折、觀察獲利能力又發現那些股票的回報並不如意，那麼我們到底該憑什麼來決定一檔股票的品質？就跟許多投資的事情一樣，獲利能力之所以無法成為衡量品質的方法，同樣是因為人類的心理在搞怪。

請回想我們稍早所討論到的投資行為，尤其是關於過熱不可能持久的體悟。人類的本能讓我們不斷地將今天的面貌，投射到明日之上。如果你今天過得糟透了，你或許會覺得明天的太陽恐怕不會升起來了。同樣的，我們總認為一間公司未來也會繼續如此美好下去，儘管在最極端的情況下現實恰好是完全相反的。擁有鉅額獲利前景的公司會引發競爭者出現，進而稀釋掉它的獲利，更別提表現上

的均值回歸傾向。當我們在思考一間公司的品質時，我們應該謹記出色的領導者後面總會緊跟著較平庸的替代品，而世界一流的獲利活躍期，則經常播下了未來表現沒那麼理想的種子。借用佛羅斯特（Robert Frost）的詩：

大自然的第一抹新綠是金，

也是她最無力保留的顏色。

初發的葉子如同花朵；

卻青翠欲滴於一剎那。

隨之如花新葉淪為舊葉。

由是伊甸園陷入憂傷悲切，

破曉黎明延續至晃晃白晝。

寶貴如金之物歲月難留。

前面的例子讓我們看到投資是件多麼不容易的事，以及某些以證據為導向的投資策略是如此地不符合邏輯，突顯了我們需要一套系統性方法的實況。「儘管出於直覺，我們認為高收益和高毛利股應該是好的投資，長期數據卻給了我們相反的結果。這是因為成功的投資必須奠基於買進前景不錯、但此刻投資者對其預期並不高的股票之上。」

歐沙那希的話告訴我們：我們必須找出那些被大眾嫌棄的公司，亦即那些前景可望向上成長但目前「大眾」還看不上眼的公司。要判斷一檔股票是否被大眾所唾棄，相較之下就簡單多了。

在評估一檔股票未來的獲利預期上，我們可以透過該股票的現價相較於該公司的適當估值來迅速理解狀況；股價越低，就意味著該股票越受市場排擠。至於評估未來人們的目光是否會重新回到這檔股票身上，難度相對較高，但仍有跡可循。

在葛拉漢的《智慧型股票投資人》中，茲威格提供了些許可供參考的蛛絲馬跡：

有些力量可以擴大一間公司的護城河：強而有力的品牌辨識度（想想看哈雷機車，他們的顧客甚至願意將該公司的名字紋在身上）；壟斷或近乎壟斷市場；規模經濟或能以極低價格供應巨量商品及服務的能力（想想看生產了數十億把刮鬍刀的吉列）；獨一無二的無形資產（例如可口可樂，能製造出獨特風味的祕密配方並沒有實質價值，但對顧客來說卻像是無價之寶）；不怕被取代（多數企業都需要用電，因此公共事業不大可能在短期內被替代）。

當你找到任何一家具有以上特徵且價格還算划算的公司時，或許你就是遇見了對行為投資而言極其重要的那條護城河。

█ 質量至上的神奇選股公式

在價值與品質的世界裡，有一位實力被大大低估的英雄人物——皮爾托斯基教授。他想知道自己到底能不能透過會計方法來做到去蕪存菁，並創造出一套足以顛覆價值投資界的簡單指標。他的研究說道：

這套（價值）策略的成功，須仰賴少數幾間公司強大的表現，同時容忍許多處境惡化公司的差勁表現。特別的是，我觀察到有不到44％的高BM（股價淨值比，亦即價格不貴）公司，在經歷了投資組合重整的兩年後，獲得正的市場調整回報。有鑑於該投資組合所帶來的多樣性成果，投資者或許可以藉此分辨最終的強勢與弱勢公司。本篇論文的目的在於探討當我們試著分辨一間公司是否擁有理想的前景時，能否有一種簡單、以金融數據為基礎的

啟發，可以幫助我們。[8]

　　這段話翻譯成白話文便是：我們該如何分辨一檔便宜的股票是真的爛，還是只是基於投資人的心理因素呢？皮爾托斯基找出了九種衡量方法，而這九個指標後來也被稱為皮氏F分數（Piotroski F-score）。F-socre藉由衡量一間公司的獲利能力、槓桿和營運效益，來判別一間公司是否擁有穩固的財務基礎，且更重要地──是否朝著理想的方向前進。每一個項目的結果如果為正，就可以得到一分，而所有的F-score加起來為九分。這九個指標分別為：

1. **淨所得**──盈虧為正？
2. **營運現金流量**──過去十二個月營運現金流為正？
3. **資產報酬率（ROA）**──ROA一年有比一年好嗎？
4. **收益的品質**──去年的營運收入是否超過ROA？
5. **長期債務 vs. 資產**──相較於資產，長期債務下降了嗎？

8　皮爾托斯基，〈價值投資：利用財報分辨出股市贏家與輸家〉（Value Investing: The Use of Historical Financial Statement Information to Separate Winners from Losers）。

6. 流動比率——營運資金增加了嗎？

7. 在外流通股數——在去年裡，股份被稀釋了嗎？

8. 毛利率——毛利逐年成長嗎？

9. 資產週轉率——營業額之於資產的比例提升了嗎？

我們不需要非常了解皮爾托斯基F-score底下的每一個細項，才能從這些指標中獲得有益的資訊。皮爾托斯基一開始想先了解那些懂得管理債務的公司，是否對股東來說較有利，以及確保營運的效率是否就能超越那些分數較低的競爭對手。而他得到的結果是肯定的，且非常明確。在那篇論文的研究中，他展示了在1976至1996年間，藉由在投資組合中買進F-score分數較高（八至九分）的股票、賣出F-score分數較低（零至兩分）的股票，可以如何得到23％的年回報率。證據告訴我們，如果說買進便宜的股票是件好事，那麼買進便宜且品質優良的股票，就是超級、超級棒的事！

葛林布萊特則是另一名傳奇性的投資大師，他因為試著將巴菲特和蒙格「以普通價格買進優秀公司」的方法系統化，為自己奠定了極高的聲譽。葛林布萊特在1985年以不到700萬美元的資金，成立了戈坦資本投資（Gotham

Capital），而這筆資金主要都來自垃圾債天王米爾肯（Michael Milken）。在接下來的二十一年裡，葛林布萊特創下了華爾街有史以來最驚人的紀錄——以每年34％的複合成長率替他的投資者累積巨額財富，同時也讓自己成為億萬富翁。但在成為超級大富豪的這條路上，發生了某件有趣的事；葛林布萊特發現自己只需要注意兩個變項，就能利用手中那筆複雜的避險基金從市場身上獲得任何想要的回報。

想盡可能將價值投資簡化的葛林布萊特，著手打造了一套「協助投資者以低於平均的價格買進一籃子表現優於平均公司的長期投資策略」。而這套策略中，一個變項代表價格，另一個變項則代表品質。在品質方面，他以盈餘殖利率（earnings yield，簡單講就是將本益比倒過來看）來衡量一間公司的價值與資本報酬率（ROC）。葛林布萊特的神奇公式聽起來或許過分簡單，但其結果確實驚人。如圖15，最初的神奇公式包含了一切市值超過5,000萬美元的股票，並創造出驚人且可靠的結果。

圖15 葛林布萊特「神奇公式」的獲利表現對比 S&P 500
（1988 至 2004 年）

	神奇公式獲利（％）	S&P 500 獲利（％）
1988	27.1	16.6
1989	44.6	31.7
1990	1.7	-3.1
1991	70.6	30.5
1992	32.4	7.6
1993	17.2	10.1
1994	22	1.3
1995	34	37.6
1996	17.3	23
1997	40.4	33.4
1998	25.5	28.6
1999	53	21
2000	7.9	-9.1
2001	69.6	-11.9
2002	-4	-22.1
2003	79.9	28.7
2004	19.3	10.9

　　即便是面對那些市值極高的公司（市場資本超過10
億美元者），神奇公式在1988至2009年間（期間經歷了幾
場可怕的風波），還是獲得了19.7％的年回報。雖然葛林

布萊特稱此公式為「神奇公式」，但這裡面並沒有什麼奇蹟般的力量。他不過是憑藉著符合直覺（儘管未能被人們充分利用）的辦法，將價值與品質結合在一起，而成果自然是不言而喻。如同皮爾托斯基教授，葛林布萊特的方法之所以成功，是因其明確地反映出一間公司能否善用資源——就這麼簡單！對投資者來說，**以合理的價格買進一間懂得善用資源的企業**，絕對是百利而無一害的。

　　商業就跟人生一樣，艱難的日子總會發生，因此我們需要面對的問題不在於這些日子到底會不會發生，而是何時會發生。一如以往，巴菲特給了我們最生動的描述：「我總是試著買進那些就算是傻子也能好好營運的好公司，因為或遲或早，這件事總會發生。」無論這些艱難的日子是因為拙劣的管理、經濟混亂或固定性改變而出現，我們應該遵循的原則都是一樣的——品質至上。艱苦的時光總會來臨，但能否捲土重來則不一定，因此「品質」或許是未來市場是否會再次青睞此公司、也是我們唯一的靠山。

　　正如同「支付合理價格」是一種受到忽視的風險管理工具一樣，評估你所買進的股票品質也能帶來同樣的效果。無論你選擇的指標是品牌權益、資本回報率或營運的效率等，你都必須確保自己能在帶著一定的信心下，說自

已買下的是一檔有未來可言的股票。葛拉漢曾經說過，「在短期之內，市場就像是一台投票機，但就長期來看，市場更像是磅秤。」在任一時刻下，價格會告訴我們市場對我們手中這檔股票的支持度（票數）；而品質能告訴我們，未來，市場將如何秤出這檔股票的重量。

行為校準怎麼做？

思考：「隨著時間過去，品質將獲得市場認可。」

問：「這是一個可以創造出自身規則的品牌嗎？」

做：做好準備，願意為品質多付出一些代價。

P3：陷阱──考慮風險

> 這是一場騙局。股票市場的那些傢伙不太正派了。
>
> ──艾爾‧卡彭（AL Capone）
>
> 黑幫老大

親愛的讀者，雖然我想我們彼此大概無緣見面，但我覺得自己就好像認識你一般。事實上，我認為自己確實非常了解你，了解到我可以稍微推測出你的性格。就讓我來試試看吧。請思考看看以下的陳述和你有幾分相似：

儘管人們覺得你看上去意氣風發，但私底下的你有時也會充滿焦慮和不安。你希望能獲得別人的青睞，而在做決定時你也總會顧慮到此點。或許到目前為止你還沒有做出什麼驚天動地的事，但你有信心這一天遲早會到來。你覺得自己潛藏著各種未被激發的潛能。你擁有獨立思考的能力，在接受任何資訊前你都會仔細想過。你很享受一定程度上的多樣化和改變，且不喜歡因為限制或約束而受到壓抑。你知道自己並不完美，但你經常能善用自己的強項去彌補不足。

我猜測的如何呢？假如用一到五、五分為超級精確這樣的方式來替我打分數，你認為我對你的人格描述有多精確呢？如果你就跟多數人一樣，那麼這個分數應該會落在4到5分之間。而此刻的你肯定充滿困惑——我們明明素昧平生。

上面那段文字展示了何謂「巴納姆效應」（Barnum Effect），或稱為「幸運餅乾效應」。巴納姆效應是以最偉大的娛樂家與馬戲團天王巴納姆（P. T. Barnum）命名。巴納姆曾說過一句名言，「每一分鐘都有一個傻子誕生！」而他也善用該如何哄騙這些傻子的能力，讓這些傻子將錢掏出來。巴納姆對這些傻瓜的理解（儘管全都是透過戲棚內所得到的），遠超過那些受過正規訓練的研究學者。巴納姆熟知心理學家所謂的認知偏誤，或人們傾向於尋找那些可以強化既有認知資訊的心態。

　　當我們收到反饋時，會同時出現兩種力量導致更廣泛的認知偏誤出現。第一種叫做「自我驗證」（self-verification），也就是強化既有信念的傾向。第二種叫做「自我提升」（self-enhancement），在此作用下我們更喜歡接受那些能讓自己對自己感覺良好的資訊。這兩種力量的目的非常明確——維持我們的自尊與自信。一般來說，這是一件好事，畢竟誰不想自我感覺良好一下呢？

　　儘管如此，在某些情況下這些力量卻使用過當——包括當我們的自尊或深信不疑的信念遭遇挑戰時。當我們在面對不確定的資訊時，認知偏誤讓我們傾向於相信現況不會改變，或忽視那些不利於我們自身的反饋資訊與現實。

在這些情況下，想要繼續維持自我感覺良好的念頭，導致我們忽視警訊，對未來有了過分美好的憧憬。

或許你會說：理解這些道理好是好，但這又會對我們的投資造成什麼影響呢？然而，人類不僅不是有效市場理論學家口中的**理性經濟人（homo economicus）**，我們在做任何決定——包括財務上的決定時，更是經常受到這些認知偏誤的干擾。除此之外，由於財務上的決策往往牽涉到更高的賭注與不確定性，而這兩種性質也往往讓人們更容易深深陷入思維謬誤的世界裡。

透過一個又一個的思維機制，你在心裡對於財經市場的運作，有了一定的想法。同樣的，你手中也有一套長期經營下來的投資組合，而其中還有幾檔股票對你來說具有額外的意義（像是已逝的姑姑萬般叮嚀你絕對不可以賣掉的奇異公司持股）。面對每一檔股票，外頭有大量的指標告訴你這些資產的潛在本質到底是好還是壞，但由於你不想背叛姑姑的意志，也不想危及內心對自我認同的程度，於是你下意識地只去接受那些你願意聽到的故事。

而所謂的「規則基礎行為」投資者，他必須是一個貨真價實的科學家——尋求一切足以鞏固或推翻自己最初假設的資訊。真正的科學家明白，儘管「這為什麼是一椿

好投資」是個還不錯的問題，但更好的問題應該是：「為什麼我可能是錯的？」

假使「特質」能讓我們判斷一檔股票的品質確實不錯，那麼「陷阱」的目的就是讓我們透過風險管理來確保這檔股票的品質確實不差。如同巴菲特所說的，「我們不需要做太多對的事，只需要避開鑄下大錯的可能。」但透過下一個故事，你將看到對我們人類而言，比起去思考一椿投資存在著多少潛在風險，我們更喜歡去幻想這椿投資可能帶來的好處。

▌贏錢的人，不會意識到自己可能出錯

葛林斯潘（Stephen Greenspan）是一名心理學家，也是《上當受騙實錄》（*Annals of Gullibility*）的作者。他在書中列舉了許多著名的人類受騙事件，像是特洛伊木馬、未在伊拉克找到大規模毀滅性武器的事情，以及圍繞在冷融合（cold fusion）周圍的壞科學。那本書的內容著重於過去所發生的事件，但葛林斯潘在全書之末，針對「人類為什麼會被愚弄」的問題進行了剖析，並將其歸因於下列幾個因素：

- **社會壓力**——詐騙事件經常發生在「親友圈」之間，像是那些與你有著相似宗教背景的人。
- **知識**——在某種程度上，被欺騙也意味著缺乏些許知識或清晰的思維（但不意味著智商有所不足）。
- **人格特質**——對信仰的特殊情感和不擅長拒絕的特質，讓別人有機可趁。
- **情緒**——「預期快要獲得某些酬勞」的想法影響了我們的情緒（像是因為能輕鬆賺到一筆錢而歡欣鼓舞），使得我們更容易做出不智的決定。

針對這樣一個充分受研究的領域，葛林斯潘用整整一本書的篇幅，無比詳盡地描述了這些事件。他並不是某位鑽研「受騙性」的專家，他根本就是「受騙性」大師的化身。這也是為什麼當眾人聽到他成為詐欺天王馬多夫的受害者、並為此損失了30%的財富時，會如此震驚。

對於自己受騙一事直言不諱的葛林斯潘，在《華爾街日報》上這樣寫道：

在我自身的案例中，投資Rye基金的決定反映了我在金融方面的無知，以及不願意針對這種無知進行補救的懶

惰心態。為了彌補自己在金融知識方面的缺乏，以及對金融事務所抱持的懶散作風，我想到的解決之道（或心理上的捷徑），就是找到一位深具金融知識的顧問，並信賴他們的判斷與推薦。過去，這種辦法一直都能奏效，因此在這次的事件中，我也從未懷疑過這個辦法會出錯。

在馬多夫騙局中，最離奇的地方不在於天真的投資者（例如我本人）居然會認為這樁投資很安全，而在於有這麼多具備金融知識背景的人們──例如營運著各式各樣「連結式基金」（feeder fund）以確保馬多夫能安穩進行計畫的高薪管理人員，居然都忽視了如此大的風險與警訊。部分原因就在於馬多夫的投資演算法（包括該組織中的許多特質），都像是一個守衛森嚴且難以滲透的祕密，而強烈的情感與自欺欺人的過程也確實地產生效果（就如同多數詐欺案中的情況一樣）。換句話說，他們有太多必須這麼去相信的理由，否則他們的世界很可能會因此崩塌。

葛林斯潘對於自己的決策制定過程及動機，做出絕佳的剖析。他承認自己過去總是依賴捷徑（讓別人去煩惱這件事），因此他從未想過會在馬多夫一案中栽了大跟斗。同樣的，在這個故事中的專業人士們，也沒有任何動機去

深入質疑這個看似天才般的詐騙系統！如同哲學家培根（Francis Bacon）的完美註解：「當人類一旦採納某種意見後，就會接受其他所有能支持並同意此一想法的意見。儘管對立面也有大量的證據可支持，卻總是被人們忽視、鄙棄，或基於差別對待而乾脆擱置或抵制它；也因為如此，大量且有害的成見，讓先入為主的觀念變成不可侵犯的至高無上存在。」

而這也如同當代精神醫學大師亞隆（Irvin Yalom）的發現：要讓陷入戀愛中的年輕人去批判性思考一段關係可能存在的瑕疵是如此困難般——要讓一個正在賺錢的人去思考「為什麼我可能會出錯」，同樣難如登天。

▋ 如何讓「看不見的風險」具體化？

「投機，是一種試圖將小錢滾成大錢、儘管不太容易成功的努力；投資，則是一種試圖避免讓大錢變小錢、而應該可以奏效的努力。」知名投資人史維德（Fred Schwed）的這個看法，闡述了一個簡單而深奧的概念：讓投資與投機不同的地方，就在於你是否擁有一套充分思考「事情可能會如何出錯」的系統性程序。倘若風險管理是投資不可或缺的一環，為什麼我們卻總是一再忽視它

呢？

　　第一個答案就在於：風險在本質上往往是不可見、且存在於未來之中的，這導致我們難以評估它。傳奇資產管理者霍華・馬克思，曾經貼切地將風險管理比喻成是建築物的防震結構。沒有人會因為必須耗費額外的時間、金錢來讓建築物可以防範未來的風險而感到開心（有些人還為此不斷抱怨呢！）──直到地面開始晃動。如同馬克思所觀察到的，比起拿「看哪，我為你避開了哪些風險！」來邀功，「看哪，我為你賺了多少錢！」有效多了。

　　我想你們多數人都會同意，購買一台配備安全帶與安全氣囊的車子是非常合情合理的選擇，即便我們從未計畫或遭遇交通事故。同樣的，去思考一樁投資可能會因為哪些原因失敗，是所有投資框架下最合情合理的一個環節──尤其在考量到身為一名長期投資者、遇上「金融海嘯」是必經歷程的原因後。

　　至於第二個風險管理難題，在於我們有所缺陷的心理，會導致我們在明明風險很高的時候，卻只主觀地感知到較低的風險，而這也是馬克思所謂的「任性風險」。儘管我們總是認為熊市處處都是危險，但事實上這些風險全都是在欣欣向榮的繁華中被創造出來的，而熊市不過是這

些風險被體現後的情況。在景氣好的時候，投資者不斷對著高風險的資產出手，警覺心降低，願意不計代價加入這場盛宴。在樂觀的牛市期間，風險不斷地被積累，而賺到錢的人們對此毫無察覺。到了某個時間點，股價明顯變得過分昂貴，而多數將波動視為風險的業界人士，卻因此忽視了眼前的風險。

在回報無比樂觀的預期下，提升了人們對於資本市場的興趣，同時塑造出一股狂熱氛圍，從而降低人們對風險的感知。與此同時，不斷上升的股價估值增加了回報減少的風險，並讓價格持續攀升到難以維持的地步。如果捨棄了以規則為基礎的投資方法、單憑自己的勇氣去投資，那麼我們幾乎可以肯定你對危險與安全的感知，經常是與現實完全相反的。

風險確實是看不見的，但這絕對不意味著風險避無可避。如同我們稍早在討論第一個 P（價格）時所說的，付出合理價格是提升回報、降低風險的不二法則。

而我們能採取的第二個務實辦法，就是蒙格所建議的：「逆向思考，永遠都要逆向思考」。當蒙格要求我們逆向思考時，實質上就是鼓勵我們去思考本章一開始所提出的問句：「為什麼我可能會錯？」儘管獨自進行這樣的活

動是非常值得稱許的，但認為自己真能公正客觀地批判自我思維意識，則過分小看了我之前所提到的種種偏誤。

　　為此，我在自己的風險管理工作中，會進一步尋求觀點相反者的幫助，讓質疑者來挑戰我那不容侵犯的規矩與備受歡迎的點子。當那些被我雇請來的唱反調者開始挑戰我的理論、拉扯著我的想法時，我必須試著按耐住自己想要和其爭論的本能衝動。事實上，我甚至規定自己唯一可以提出的問題，必須是為了進一步理解對方反對立場的問題。我可以問：「你可以多告訴我一點你為什麼會那樣想嗎？」但必須避免問：「你錯了，讓我告訴你為什麼！」

　　多數的投資者都會針對那些表現不佳的股票進行事後剖析，質疑到底是哪裡出了錯，並試圖將這些教訓學以致用。但一位出色的投資者，會進行事前檢討——**在事情真正發生之前，預先設想哪些地方可能會導致表現不如預期，並依此做出調整**。如同心理學家兼交易行為教練史丁巴格所說的：「確實，我發現自己絕大多數的成功交易，都是建立在事先設想那些最糟、『要是……該怎麼辦』的情況，並在這些預想中設定自己的停損策略。相反的，我發現那些最糟的交易，往往是發生在我開始預期自己會獲得多少利益的時候。」

投資決策理論學家莫布新（Michael Mauboussin）將這些概念從理論拉到現實，並提出五階段的檢查清單：

1. 考慮替代方案

決策永遠都不該在真空的狀態下被制定。對我們而言，所有的選擇都是相對的好或壞。問問自己：「另一個最好的選擇是什麼？」

2. 尋求反對意見

詢問那些明顯可以給予你反面意見者的看法。安靜聆聽並接受你的靈藥。然後進一步問自己：「我哪裡想錯了？」

3. 追蹤之前所做出的決策

寫下你為什麼要在此刻做決定的原因。之後再來審視這些筆記，以判斷自己當時的思路是否清晰。問自己：「哪些錯誤使我的付出付諸流水？」

4. 避免在情緒激動的情況下做決定

壓力、恐懼和興奮都會影響我們對風險的感知。在我們做決定的時候，「情緒」從來都不會缺席，但極端的情緒是邏輯的敵人。問自己：「我是基於情緒才做出這個決定的嗎？」

5. 了解誘因

金融誘因顯然是我們做出投資決策的一大動機，但其他動機也佔了一部分。投資者應該警覺到名譽和職業風險也是貨真價實的動機。問自己：「我對輸和贏的想法為何，而這兩件事又會如何影響到我的認知？」

▌非典型風險的判斷方法

除了關於公司、市場，以及行為風險的典型考量之外，聰明的投資者還必須思考到那令人悲傷但不爭的事實——那些上層金融社會中、為達目的不擇手段的演員們。而這種不道德的範疇，包含了「會計巫術」此種合法但會誤導群眾的世界，也包含了如安隆公司弊案這類極為卑劣、玩弄財報的策略，而這一切都會置投資者的本金於極大的危險之中。

因此，作為一名行為投資者，我們有責任去思考人類行為的黑暗面，並依此進行調查。幸運的是，對於我們這些學術理論沒那麼充分的人來說，身邊就有大量有用但尚未受到充分使用的工具，能協助我們檢驗各式各樣的風險，從破產到做假帳，應有盡有。儘管關於這類風險的完

整分析已超越本書的範疇（以及我個人能力），我還是要提出一些我覺得非常有用的方法，如果讀者有興趣可以另外進行深度的研究。

監測C-score：找出有財務疑慮的公司

C-score中的C，意味的就是「做假帳」（Cooking the books）。此一評分是由策略專家蒙蒂爾所提出來的，用來篩選出那些應該立刻脫手的公司，但在長線股票的檢驗上也很有效。該分數是視六個參數來決定：

1. 淨收益和營運用現金流量兩者間的差異越來越大。
2. 應收帳款週轉天數增加。
3. 存貨週轉天數增加。
4. 與收益相關的其他固定資產增加。
5. 總資產、廠房和設備的折舊減少。
6. 利用一系列的收購來扭曲獲利。

符合上述任一情況的股票，獲得一分，而得分越高就意味著做假帳的可能性越高。蒙蒂爾發現，在1993至2007年間，C-score獲得高分的公司，其年度表現低於美

國股市 8%。將 C-score 和價值評估方法結合後,能獲得一個更為有效的結果。擁有高 C-score 和高估值(以股價營收比〔P/S〕超過 2 來看)的股票,其每年的獲利為 -4%,遠低於市場的 14%。會計手段或許短時間內騙得了人,但這種詭計所造成的長期影響對投資者來說,無疑是一場大災難。

奧特曼 Z-score:找出有破產疑慮的公司

Z-score 是紐約大學財金教授奧特曼(Edward Altman)在他最重要的學術發表中,所提出的獨創性想法。奧特曼所創造的 Z-score 極其成功地預測出一間公司是否會在兩年內破產。他也針對了六十六間公司進行歷史性回測,並成功預測出 72% 的破產公司,且預測錯誤的比例也只佔了 6%。Z-score 包含了下列五項元素,並根據每項元素的預測能力進行加權:

1. **營運資本/資產總額**——評估流動性。
2. **留存收益/資產總額**——評估槓桿。
3. **稅前息前利潤(EBIT)/資產總額**——評估獲利能力。

4.**市場資本／負債總額**——評估償付能力。

5.**銷售收入／資產總額**——評估資產周轉率。

　　奧特曼隨後提出了一個可應用在私人企業上的公式，然而金融業並不適合使用 Z-socre 來評估，因其會計方面較複雜且不透明。Z-socre 之所以出名的原因就在於，根據這個評分能讓我們避開如安隆公司這樣的投資項目——一場最終摧毀眾多投資者、總計 600 億美元的災難。

▌不輸之道：保持行為的一致性

　　有太多時候，我們都誤以為要進行風險管理，就必須試著預測未來。畢竟，要是我們能將神奇水晶球擦亮一點，或許我們就能獲得必要的資訊，以避開災禍損失。然而事實上，比起擁有關於未來的絕對資訊，現實世界中的風險管理更需要的是對當下的了解。儘管風險或許是無形的，但依舊會留下些許蛛絲馬跡。

　　對股票而言，與基本面相比明顯價格過高的股價、和比起規規矩矩更喜歡操弄人心的公司，都是一種蛛絲馬跡。當我們依賴著自己的直覺而不是規則、崇拜自我而不是直言不諱的忠告時，風險的腳步就會開始逼近。風險管

理在很大部分上未能受到關注的主要原因，就在於它既無形又無趣，與追求回報相比，更缺乏吸引力。但正是基於這樣的原因，讓風險管理有潛力成為投資者的一大優勢。

在關於風險的最後，讓我們以稍微褻瀆棒球史上最為人津津樂道的一段傳奇，作為尾聲。散落在各地的棒球迷都能完美地重現這經典的一幕：因為傷勢而步履蹣跚的吉布森（Kirk Gibson），在忍受著腸胃炎的疼痛下，費力地跑過二壘並興奮地揮舞著拳頭。毫無疑問的，吉布森的全壘打確實是棒球史上非常經典的事件，它讓道奇隊在當年的 MLB 國家聯盟冠軍賽拿下原本毫無指望的首勝，並在最終贏得世界大賽。但是當我們回想起這充滿英雄氣概的一刻之餘，我們往往忘了這件事是如何發展至此的。

在吉布森那驚天一轟出現之前，當時場上的比數為4:3，奧克蘭運動家隊領先，而運動家隊留著 Mullet 髮型的超級巨星坎塞柯（Jose Canseco），在第一局的時候轟出一發全壘打（現在我們知道這全拜類固醇之賜）。1988年的坎塞柯簡直是銳不可擋——打擊率三成七，四十二支全壘打，一百二十四個打點，還有以現今標準來看簡直是嚇死人的四十次盜壘。當他上場打擊時，壘上如果有人就意味著防守方必須冒著極大的風險，而當時的第一局就是如

此。在投手投出一個偏高的失投球之後，那顆球理所當然地飛出了中外野的全壘打牆。然而更冒險的是，道奇隊居然派出了正飽受病毒折磨，且因為前一輪賽事導致雙腳受傷的吉布森上場打擊。而我們忽視此一作法是多麼冒險的情況，恰恰應驗了被心理學家稱之為「反事實思維」的現象。這個讓道奇隊逆轉獲勝的調度，也讓當時的總教練拉索達（Tommy Lasorda）被封為策略天才。但要不是如此（棒球的統計數據告訴我們，打擊率從來都不是站在打擊者那方），拉索達原本很有可能會被迫吞下敗仗。

正如同我們對著體育競賽的經典場景歌功頌德、卻忘了其背後承載的風險與反事實因素，面對大型和特定金融事件時，我們的反應也同樣如此 —— 鮑爾森（Henry Paulson）放空次貸產品、索羅斯（George Soros）放空100億美元的貨幣。這些事件是如此重大且令人印象深刻，結果又是如此美好，導致我們將此類事件貼上「預測精準」的標籤，卻忽視了這麼做並不符合理想風險調整後的收益預期。

一個朋友曾經開玩笑地對我說，「每個男人都覺得自己距離布萊德‧彼特只有十個仰臥起坐的距離。」在專業投資者和新手身上觀察到明顯過度自信氛圍的我，可以同

樣地說：「每一位熱衷於股市的投資者，都認為自己不過只離索羅斯一筆交易之遙。」談論史上最偉大的交易總是充滿了樂趣，但在真實的投資世界裡，能讓我們積累財富的不是全壘打，而是設法不要被三振出局。假使在你當前的投資原則中，不包含一致性或省思可能的陷阱，那麼你等同於放棄了最顯而易見的成功——亦即不輸之道。

行為校準怎麼做？

思考：「長期而言，不輸才能讓我致勝。」

問：「有任何足以顯示欺瞞或操控的證據嗎？或結果好到太難以置信？」

做： 在審查每筆交易時，善用 C-scores、Z-scores 和懷疑主義。

P4：人 —— 跟隨領袖

耶穌基督說，「憑著他們的果子就能認出他們來」，而

不是憑著他們的「免責聲明」。

——威廉‧柏洛茲（William S. Burroughs）

小說家

現在，我們已經花了一定的時間來思考怎麼樣才能成為一名行為投資者，且早已蠢蠢欲動地想要嘗試某些行動或計畫。讓我們先來想像一下，假使你不是那位精通投資心理學、且即將出師的投資者，而是一名軍事首席審訊官。你逮捕了一名壞人，而此人現在就被綁在一張椅子上，周圍的空氣潮濕而昏暗，唯一的光源就是一個垂吊在天花板中央的燈泡。

根據情報，此人在都會區的重要樞紐安置了炸彈，但你不確定這則情報只是空穴來風還是真實可信。你知道如果真有炸彈，那顆炸彈應該會被安置在哪裡，但此刻城市裡正瀰漫著濃郁的聖誕節氣氛，讓拆彈小組貿然出現在街頭，不僅會嚇壞大批購物的民眾，最後若發現只是一場謊報，更會讓你的部門成為笑柄。

你的選擇如下：花時間去決定這名疑犯說的是真話還是謊話（不行，你當然不可以使用「強化的審問技巧」），或冒著被批評是反應過當的瘋子，立刻派出拆彈小組。而

選擇就奠基在一個基本的問題之上——你能分辨說謊的人嗎？

電視影集《謊言終結者》（*Lie to Me*）讓大眾認為，只需要透過解讀「微表情」（足以顯示潛在欺騙者真實動機的短暫、且不受控制的面部表情），專家們就能察覺其背後掩飾的真相。然而根據學者的研究結果，身為這部電視劇粉絲的我，也只能大失所望了。

希望能預防類似如九一一事件再度發生的美國運輸安全管理局（TSA），投入了超過10億美元的經費，訓練了上千名行為偵測員來掃描群眾，企圖透過非語言的線索來找出可疑的恐怖份子。該計畫的實用性目的聽起來非常合情合理，動機更值得稱許，但最終的結果卻讓所有人失望了。美國政府責任署（GAO）在近期的報告中建議全面終止該計畫，因為沒有任何證據能證明該計畫的效用。

而一份由心理學家邦德（Charles F. Bond, Jr.）和迪波洛（Bella M. DePaulo）針對兩百份「以肢體語言欺瞞檢測準確度」為主題的研究分析，也強化了此一看法。在無比詳盡的文獻探討中，這兩位學者發現「人類準確找出騙子」的機率比丟擲銅板的機率（47％）還低——比起深度研究某人的行為舉止，靠丟銅板來決定這個人是不是騙子

的命中率還比較高！正如同司法學專家哈特維希（Maria Hartwig）針對這個現象所說的：「認為肢體動作會讓說謊者露餡的常識，不過是一種文化幻想。」

一份於2005年發表，作者為卡辛（Saul Kassin）、麥斯納（Christian Meissner）和諾威克（Rebecca Norwick）的論文，也進一步證實了專家無法確切分辨肢體語言的事實。三名研究者獲得正在監獄服刑者的幫助，分別錄下一段他們的自白，內容分別是他們真實犯下的罪、與實際上並沒有發生的罪。接著，研究者讓一群學生與一群接受過訓練的專業執法人員，分別觀看這些自白影像，試圖從捏造的故事中找出真相。參與研究的專業執法人員絕非菜鳥——他們平均從業資歷超過十一年，且絕大多數都受過欺瞞檢測的訓練。

對一邊喝著廉價啤酒、一邊觀看《CSI犯罪現場》的我們來說，有十足的信心認為這些「專家」的表現，絕對會比一群學生好。但又一次的，我們發現專家真正被提升的並非能力，而是對自己能力的自信。普遍而言，儘管學生對於自己是否能判別一段影片的真偽，流露出較少的自信心（6.18/10），但實際的準確率卻高達53.4%。相反的，專家展現出的自信心較高（7.65/10），準確率卻較低。儘

管接受過訓練且經驗豐富，專業執法人員的表現卻比擲銅板的結果還差，僅有42％的時候能找出說真話的人。有意思的是，當我們將肢體語言線索抽離時，兩個團體的判斷力都出現了顯著的成長（請見圖16）。該研究不僅證明了「肢體語言」不但無法提供更有效的判斷依據，反而會讓我們因為分心而錯失找出真相的機會！

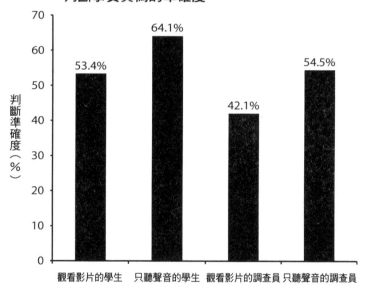

圖16 學生與專業調查員在擁有和缺乏影像線索下，對判斷事實真偽的準確度

高度缺陷者的七大特徵

　　根據無數的同儕審查研究，我們已經可以無比確信人類在判斷誰是說謊者方面，表現實在是不怎麼出色（而且連精確都稱不上）。儘管有這麼多壓倒性的證據，基金管理者卻持續浪費客戶的金錢來挖掘潛在投資標的的基本面，研究該標的的品質與管理特質。

　　我們是如此執迷不悔地深信在和管理者面對面、一起共進午餐、觀察對方所謂的「個人特質」後，就能讓我們擁有某些有利於判斷的優勢。儘管我們可以理解人們總是傾向於相信自己能評判一個人的人格特質，因此藉由和主宰一間公司成敗的對象見面，應該也能摸清楚一間公司的未來。然而不幸的是，這不過是大腦的遊戲，且往往會讓我們浪費大把的時間與金錢。

　　達特茅斯大學塔克商學院的教授芬克斯坦（Sydney Finkelstein）曾宣稱自己擬定了一張可找出「註定會讓公司變得一塌糊塗的經營者」檢查清單。[9]多數典型的商業書籍總是將焦點放在商業領袖的正向特質上，芬克斯坦卻反

9　芬克斯坦，《為何聰明的執行者會失敗？》（*Why Smart Executives Fail*）。

其道而行，他試著找出災難性領袖身上所共同出現的「脫軌」特質。我將他所列出來的「高度缺陷管理者的七大特徵」整理後，簡化成如下：

1. 他們認為自己和自己的公司主宰了大環境的發展。
2. 他們對自己和公司的認同完全混淆，導致他們自身的利益關係和公司的利益關係界線變得模糊。
3. 他們看上去就像是無所不知。
4. 他們總是無情地消滅那些在想法上和自己不在同一艘船上的人。
5. 他們是公司的最佳代言人，且利用大量時間來維持該公司的形象。
6. 面對令人生畏的困境，他們也只是將其視為暫時性、且很快就會被擺平的阻礙。
7. 他們總是輕易地重拾那些讓自己取得如今這番成就的老策略。

透過世界通訊（WorldCom）、泰科國際（Tyco）和時代華納（AOL/Time Warner）等顯著公司的例子，芬克斯坦以極具說服力的角度指出了我們所有人都願意相信的

事實──暴君不是一個好老闆。

雖說芬克斯坦的書是在2004年出版，但假設我們在1976年4月1號、也就是蘋果公司成立的那天，就已經擁有這張檢查清單──想像你是某個巨型基金有限合夥人所指派的勇敢分析師，負責根據清單上的七項評鑑來評斷「賈伯斯」是否具備適當的領袖特質。是的，賈伯斯會在全公司的會議中單獨針對、或直接開除某位員工；這個男人還在親子關係鑑定報告出爐後，長年否認自己的非婚生子女存在，且拒絕給予其經濟援助。也正是這樣的賈伯斯，對招募人才一事的概念就是對著在全錄（Xerox）的競爭對手說：「你畢生所創造出來的東西不過是坨屎，既然如此，你何不來我的公司替我工作呢？」

毫無疑問的，在結束和賈伯斯的會面之後，你看著芬克斯坦的清單，會認定賈伯斯是一位絕頂聰明、但在領導方面卻是一位極端缺乏能力的領導者。你或許會基於自己對於一位好領導者的直覺看法，以及上述七個關於領導特質的評斷，放棄投資蘋果公司的機會。同時，你還會一併失去31,590％的投資回報率（自這一天起到2015年7月為止）。

每個人都認為自家的孩子最可愛

每一季，知名的杜克大學福夸商學院和《CFO 雜誌》都會共同針對來自不同企業的財務長和該雜誌的訂戶進行一項調查。該調查的內容多年來維持不變，希冀「捕捉到企業樂觀主義、GDP 成長預期、資本投資計畫和每季個別商業領域下所佔比例的改變，所呈現出來的趨勢性資訊」。[10]

策略專家蒙蒂爾在自己的白皮書〈資金管理的七宗罪：行為批判〉中，指出該研究一致發現，所有的財務長對於自己公司的信心，往往高過於對經濟大環境的想法。在檢驗了杜克大學的研究數據後，該研究的主持人葛拉漢（John Graham）和哈維（Campbell Harvey）也發現同樣的結果：90％的科技公司財務長，在網際網路泡沫時期，都認為自己公司的股價被過分低估。每個人都認為自家的孩子——還有自家公司，遠比別人家的孩子還可愛（無論數字呈現出來的事實為何）。

在進行投資之前，企圖了解一家公司營運的狀況如何，是非常自然且值得稱許的本能，但唯一的錯誤就在於

---

10 請參見該調查的官網：https://www.cfosurvey.org/

和對方面對面交談，無助於我們對這件事的了解。首先，分析師與基金管理者對於親自會面，早已有了先入為主的正向想法。畢竟，如果審查的結果讓人大失所望，那麼因為會面所耗費的時間與飛行距離都白費了。你知道一架私人飛機加滿油需要花多少錢嗎？

第二個問題則在於無論管理者對於經濟大環境的看法為何，他們對於自己公司總是抱持著不夠實際的美好憧憬。基於這種過度自信的結果，我們可以肯定一間公司的管理者勢必會對你的判斷造成誤導，即便他並不是刻意的！最後一點，我們正確判定他人是否說謊的機率，比擲銅板還低。在訴諸於所有的一般常識後，我們可以理解針對管理階層進行面對面職責調查，不過是一個所費不貲卻沒有太多意義的活動，它讓基金管理者在花費客戶大筆的金錢後，換得虛假的信心。

儘管如此，去檢驗那些參與公司營運者的行為舉止，確實是一個不錯的概念，只不過我們一直使用錯誤的方式去評估而已。幸運的是，在一間公司的營運上，我們有許多資訊可以去搜集，而你並不需要依賴冗長乏味的牛排大餐，或一場毫無根據的吹牛大會就能換取這些資訊。在了解一間公司內部人員方面，有三種資訊能給予我們極具意

義的洞見，並幫助我們衡量是否該投資一間公司，它們是：**內部轉讓持股交易、股份回購，以及股息。**

▌衡量公司值得投資的三大指標

《怪醫豪斯》（*House, M.D.*）是一部自 2004 年開播後，連續享有八季輝煌成績的美國電視影集。該劇的主角是由休‧羅利（Hugh Laurie）完美詮釋的嗑藥厭世者。該劇每集的內容環繞在某些極難診斷的病症，而豪斯醫生因為懂得擺脫病人的誤導、專注於實際病症，最終總能成功地救治病人。儘管劇情高度公式化，卻依舊讓人看得不亦樂乎。正如同豪斯醫生經常掛在嘴邊的話：「病人會說謊，但症狀不會。」

1. 內部轉讓持股交易

同樣的道理也可以應用在管理階層行為的觀察上，而沒有什麼比研究這些內部人士如何安排自己金錢流向的事情，更能透露出管理者對自家公司的真實想法。企業內部人士被適當地要求揭露自己手中持股的買賣動態，而對於細心的投資者來說，這些動態就是極為顯著的行為症狀。確實，每一年企業內部人士交易的成績，都超越一般

市場 6％，僅落後於那些被允許憑藉手中特殊資訊進行交易的參議員（其每年的回報率能驚人地高於市場 12％）。[11]

當一個對於企業前景有著最詳盡資訊的內部人士，願意用自己的錢實際支持公司，這點絕對意味著什麼。對企業內部人士來說，有太多的原因可能導致他們賣出手中的股票（像是豪宅、離婚協議、支付給情婦的封口費等），但加碼買進持股絕對只有一個原因——**對於未來抱持著充分合理的信心。**

在一篇闡述「發生在董事會成員間，買進動作所具備的正向意義」論文中，作者們發現，在英國，內部交易的絕對值越大，後續該股票獲得的回報率就越顯著。他們還發現了另一個你或許已經猜到的現象：隨著時間發展，內部人士此刻所握有的資訊會逐漸被大眾知悉。在內部交易發生的當下，內部人士的表現只超過市場 0.7％，但在交易發生的第一百二十天後，其表現超越市場的百分比上升到 2.9％。[12]

---

11 史塔曼，《為什麼你無法致富》。
12 莒哈莫瑞德斯（Daniel Giamouridis）、利歐達克斯（Manolis Liodakis）和莫尼斯（Andrew Moniz），〈部分內部者是真正聰明的投資者〉（Some Insiders are Indeed Smart Investors）。

圖17 內部人士買進自家股票後的回報率分析

年投資回報率（%）

研究者	研究時期	深受內部 人士支持的股票	同期的市場指數
羅格夫（Rogoff）	1958	49.6	29.7
格拉斯（Glass）	1961-1965	21.2	9.5
戴維爾（Devere）	1960-1965	24.3	6.1
賈菲（Jaffe）	1962-1965	14.7	7.3
茲威格（Zweig）	1974-1976	45.8	15.3

　　此外，崔帝布朗公司進一步檢驗了那些出現顯著內部買進交易的股票回報率。[13]具體的檢驗方式為：他們針對特定期間內部交易者（超過一位）買超數量的樣本進行調查，而研究結果發現，買進那些明顯受到內部人士支持的公司股票，其回報率居然是同期間購買指數所獲得的平均回報率的兩倍、甚至是四倍！圖17展示了他們所發現的結果。

---

13 崔帝布朗，〈關於投資真正有效的事：投資方法與卓越回報特質的研究〉（What Has Worked in Investing: Studies of Investment Approaches and Characteristics Associated with Exceptional Returns）。

這項研究的結果是如此的誇張，讓我忍不住想著，「明明答案就這樣大刺刺地擺在眼前，為什麼我還要去聽取那些管理者告訴我：他們對自家股票的看法？」沒有什麼方法比觀察一個人如何使用自己的錢，更能反映他真實的想法或評估。

2. 股份回購

除了內部交易外，當管理階層願意打開公司金庫回購自家股票時，同樣也展現出他們對未來的樂觀心態。巴菲特簡明扼要地描述了此一動作的意義：

若我們所投資的公司將其留存收益拿去購買自家的股票，這種行為總是會受到投資者們的熱烈歡迎。原因非常簡單：假使一家好公司的股價低於其內在價值，那麼對於那些以低廉價格買進的股東來說，還有什麼比此舉更能確保且意味著利益勢必會大幅提升的行為呢？企業併購行為所挾帶的競爭本質，幾乎意味著我們必須付出原價去購買一間公司——且當某間公司企圖買下另一間公司的全部所有權時，付出的價格往往還會比原價更高。而股票市場的公開拍賣性質，則讓營運良好的公司能以低於併購其

他公司所需付出價格的50％，買下具備同樣獲利能力的自家公司股票。[14]

回購自家公司股票的行為，不僅證明了公司內部對自身前景充滿樂觀預期，且還有提升我們手中股票價值的額外副作用。有鑒於股票回購行為結合了對未來的樂觀預期和立即性的獲利提升，不難想像股東們為何會如此歡迎公司積極執行此一動作。

根據一篇盧米思（Carol Loomis）於1985年發表在《財星》雜誌上的文章，她審視了1974至1983年間，積極進行股票回購的公司，其股票的後續報酬狀況。假設我們在股份回購發生的那天，買進該公司股票並一直持有到1984年，那麼這些發生股份回購的股票所帶來的平均年複合成長率為22.6％，而同期間內S&P 500的回報卻只有14.1％。

歐沙那希也在自己的著作《華爾街致勝祕笈》中，驗證了進行股票回購的公司，其表現確實超過市場。歐沙那

14〈巴菲特對股份回購的看法〉（Warren Buffett on Share Repurchases），Value Investing World部落格。

希還自創了名為「庫藏股回購率」（buyback yield）的指標，用來比較各個期間股票在外流通的數量，好明確區分真正的回購，與那些表面上進行回購卻同時發行新股的小把戲。他發現，庫藏股回購率最高的公司（亦即減少在外流通股數最多的公司），往往能在隔年獲得平均13.69％的超高回報率，與十組之中、庫藏股回購率最低的公司（即在外流通股數增加最多的公司）那拙劣的5.94％平均回報率相比，有著天壤之別的差距。

另一個經常受到批評的情況，則在於有時候公司宣布實施庫藏股計畫，只不過是一個狡猾的公關行為，而不是它實際意圖的展現。但正如同格雷在《計量價值的勝率》中所說的，「光是公布回購行動，就足以導致股價上漲。宣布回購計畫的股票（無論後續是否實際出現回購行動），在聲明發表後其表現往往能立刻超越市場，且長期來看也較為出色。」股票回購的力量是如此強大，導致光是提起這個詞，就能為獲利帶來顯著的正面效果。

3. 股息

內部交易和股票回購之所以能提升回報，在於這些行為能讓我們赤裸裸地看到知情者對於自家公司的想法。而

管理階層如何對待你——股東們，就跟他們在管理上的行為表現一樣重要。正如同回購所展現出來「我對公司極具信心」的態度，給予合理的股息則表現出「我愛我的股東們」的態度。倘若買進一家公司的股票意味著買下一間公司的部分所有權，拿到股息則意味著回收部分的獲利。

由於對象有所不同，股息佔歷史上股票回報率的比例從44％至約莫超出50％不等，但這些發放高股息的股票，卻往往被嘲笑為「孤兒寡母股」（widow and orphan stocks，亦即安全、非景氣循環且上升有限的股票）。貶低如股息這種有利可圖的事物，這種行為背後的心理因素相當複雜，但現在的你已經非常明白，**找出那些被輕忽事物所隱藏的巨大價值，正是規則基礎投資的核心價值。**

愛上股息的其中一個原因在於：儘管不能保證、但股息的波動性往往比股市本身來得低。如同班・卡爾森所指出的，「在1929年9月至1932年6月間，股市在經通膨調整S&P 500指數的衡量下，跌了81％。但在同一時期內，經通膨調整的股息跌幅卻僅有11％。當股市在1973年1月至1974年12月間跌了54％時，實質股息卻僅跌了6％。」[15]

---

15 卡森，《投資前最重要的事》。

如果說在景氣好的時候分到股息是一件好事，那麼在景氣不好的時候，分到股息將是一件不可或缺的事。

此外，我們還必須思考股息作為防守策略外的其他意義；假使我們能正確地理解這件事的本質，我們的回報將能獲得顯著的提升。歐沙那希根據股息收益率將股票區分成十組，並因此找出了令人極為驚異的結果：股息是非常有利的存在，但好東西多過頭時，也會出現反效果。在十組股票之中，股息收益率最高的一組能在1926至2009年間，給予股東不錯的11.77%回報率，穩定超越同期間內廣大市場的10.46%回報率。儘管如此，那些在發放股息上較穩定但偏保守的第二、第三與第四組別，其表現居然超越了第一名。如果我們將本金投注在十組之中表現最好的第三組上，我們將能讓1萬美元在該段期間內，成長為1億4,500萬美元。

給予超高股息的股票，或許只是試圖吸引那些希望能立即獲得「穩定」回報的投資者。可悲的是，在這些華而不實的分紅背後，或許只是試圖隱瞞缺乏優異績效等更深層面的問題。反過來看，作為不分紅股票的股東，其抱持的心態則是將所有賭注都壓在股價的成長上，而這是一場並非總能盡如股東意的賭局。給予股東適當股息的股票，

不僅能在當下給予股東回報,也不用承擔未來需付出過高代價的風險。

我相信你應該已經注意到了,我在美國股市中所觀察到的行為投資素材,放到全球市場上也同樣適用。人類本性蠢蠢欲動,以及做出可預期的非理性投資舉動的傾向,是連結起整個人類大家族的特質。來自英國巴斯大學的李維斯教授(Mario Levis),針對1955至1988年在倫敦證交所上市的公司進行績效檢視(共四千四百一十三間),其結果同樣證實了此一觀點。圖18即是李維斯的研究結果,我們再一次發現:在股息收益率和投資回報率之間,存在著強烈、近乎線性的關係。與歐沙那西的結論有所不同,李維斯發現在「股息越多、回報越多」這個概念下的唯一例外,是那些完全不發放股息的股票,其表現往往比市場更好一些些(儘管其回報率遠低於有發放股息的前50%股票)。

▍聽其言而觀其行

行為投資的意義根植在人類為所有投資過程核心的概念上,而這包含了意識到自己能力的侷限。避險基金和共同基金管理者總喜歡談論管理方面的「配置」和「優秀的

圖18 根據股息收益率分組的英國上市公司投資成果（1955至1988年）

股息收益率分組	收益率（%）	年投資回報率（%）	起始投資額100萬英鎊在1988年12月的價值	平均市場資本（百萬英鎊）
1	13.6	19.3	403.4	283.4
2	10.9	17.7	254.9	278.5
3	8.7	16.8	196.4	337.2
4	7.4	16.0	155.4	266.4
5	6.4	15.4	130.3	223.1
6	5.5	14.1	88.7	206.5
7	4.7	12.4	53.2	112.1
8	4.0	11.9	45.7	95.4
9	3.1	11.5	40.5	94.4
10	1.4	13.8	81.1	74.6
英國FT全股指數	5.3	13.0	63.8	503.5

表現」，然而這些不過是一場交換「確認偏誤」的盛宴，將客戶的金錢浪費在聽上去相當合理、實質上卻沒有什麼效益的事物上。

與其付出高額費用讓基金管理者對公司CEO提出些不痛不癢的問題，不如去觀察那個真實體現對方意圖的指南針——**行為**。

他們是否因為相信自己的公司而願意拿辛苦賺來的錢

去回購股票？他們是否以公司的資金去購買他們口中價格非常誘人的股票？他們是否足夠在乎你而願意讓你獲得分紅？如果答案都是肯定的，那麼你或許找到一個可以致勝的投資對象。

但如果答案為否，那麼你或許面對的是一個情願將錢往自己口袋裡塞、也不願意分些零頭給你的公司。或許正如同作家弗里克（James W. Frick）所說的：「別告訴我你最在乎什麼。讓我看看你將錢花在哪裡，我就能告訴你答案。」

行為校準怎麼做？

思考：「誰能比公司內部人士了解的更多？」

問：不要發問，直接觀察內部人士如何運用他們的錢與實際行動。

做：只做那些願意給予你同等關愛的公司股東。

P5：推力——順勢操作

每個趨勢都會一直維持下去，直至休止。

——約翰‧奈夫（John Neff）

價值投資者

對於品味出眾且外貌相對英挺的你來說，我相信你這一輩子應該都不怎麼缺乏愛。但為了進行科學性的探索，先讓我們將自己投射到一個虛幻的角色身上，想像自己是一位單身、孤獨且渴望找到另一半的人。現在，進一步想像一位立意良善的朋友，試圖替你和另一位朋友 A 牽線，安排一場相親。一開始，你假裝自己非常掙扎且不太感興趣（「我真的很好！」），但看著雙人自行車上結的蜘蛛網，你最終讓步了。

你和朋友 A 見面了，且很快就開始慶幸自己放棄了「絕對不相親」的原則。朋友 A 是如此迷人、親切，你們相談甚歡。朋友 A 帶你去了一間要候位六個月才能吃到的餐廳，談了許多自己在慈善方面的努力，展現了他／她那善於諷刺但不至於憤世嫉俗、且總能逗樂你的風趣。第一次約會剛要結束，你發現自己已經在期待下一次的見

面——他／她會不會就是你的另一半？

第二次約會的行程是一起上跳舞課，讓你獲得了渴望以久的肢體接觸。第三次約會則是到中央公園一起野餐；第四次約會你們去了歌劇院。你假裝自己很享受歌劇，只為了讓自己看起來不會像個十足的土包子。是的，四次約會之後，你發現自己有點愛上朋友Ａ了。緊接著，事情卻急轉直下。

第五次約會的時候，他沒有開著你已經搭習慣搭乘的豪華禮車來接你，取而代之的一輛破車。不希望失禮的你，對於這個明顯的改變沒有提出任何疑問，但朋友Ａ原本那身時髦的休閒套裝，也變成一套邋遢且上面還帶有芥末污漬的衣服……

更慘的是，朋友Ａ的行為舉止徹底變了調。曾經讓你深深喜愛的幽默，如今變得異常苦澀且刻薄，有時矛頭甚至對準了你。過去的慷慨被如今的錙銖必較所取代，而一同談論崇高理想的對話，被各種挖掘你們共同朋友八卦的談話所取代。在第五次保齡球約會的尾聲，你開始糾結。你知道自己必須決定「要不要繼續第六次約會」？但你不知道下一次迎接你的，會是《變身怪醫》中的紳士基傑爾？還是邪惡的海德？而朋友Ａ正等著你的回覆——好決

定你們下一次約會要做些什麼。

如果你跟多數人一樣（而你確實是，無論你的答案為何），你會給予朋友A第二次機會，進行第六次約會。你之所以會如此寬宏大量，並非出自於心地善良，而是源於「錨定效應」和「確認偏誤」等心理原則。錨定效應是指我們人類在形塑意見、做出決定時，過於信賴一開始所獲得資訊的傾向。

在我們第一次見到某人時，我們會在短短的幾秒內就開始形塑我們對這個人的看法。此一傾向在去頭皮屑洗髮精的標語──「第一印象沒有重來的機會」中，被完美呈現。而這些第一印象或錨定會築起一道防護欄，導致未來的印象有時被它隔絕在外。所有的新資訊都會基於你最初的錨定，以及你對此人類型的快速判斷，來進行消化。另一方面，確認偏誤則讓我們採用符合自己先入為主的偏見，或符合自身興趣的角度，去解釋新的資訊。

在朋友A的故事裡，一開始獲得的正向互動，讓你將對方定位為聰明、老練、有趣且親切的人。此外，還有更強大的原因讓你相信對方就是如此這般的一個人，畢竟孤單入睡可不是什麼令人開心的事！你不僅僅透過觀察，認定朋友A是一個好人，你甚至**需要**朋友A是一個好人。因

為唯有如此，你才不會孤孤單單地在貓群的環繞下，獨自老死。

在錨定效應和確認偏誤兩種作用的影響下，導致我們將此刻的現實套用到未來之中，從而減輕對於新資訊的消化。在現實生活裡，此舉只會導致我們浪費時間跟不可能的對象約會。但在財務上，此舉卻成為推著我們繼續向前航行（續航）的動能，也就是我在這裡所稱的「推力」。如同我們認為一場令人欣喜的約會肯定會帶來下一場同樣令人欣喜的約會般，我們傾向於認定一檔搶手的股票，未來也會繼續搶手下去。

無可否認的，動能效應（Momentum effects）是非理性的；大腦過度簡化事實的餘韻掩蓋了現實的概率。而同樣無法否認的是——這種效應是非常強大的。

▍動能投資的超簡史

「動能」這個想法，起緣於一個物理世界的詞彙（金融界至今依舊很愛借用該領域的詞彙）。在本質上，這是對牛頓「第一運動定律」（慣性定律）所進行的金融推論：一個處於等速運動的物體，傾向於繼續維持當前的等速狀態。如同Newfound Research資產管理公司的賀夫斯丁

（Corey Hoffstein）所說：「動能是一種根據當前回報進行買進與賣出的投資系統。動能投資者購買表現優於市場的證券，避開或賣空表現不佳者……他們認定表現優異的證券能在不會遇到顯著逆風的情況下，繼續維持當前的優勢。」

再稍微深入探索之後，我們會發現「動能投資」實際上可分為兩種：絕對與相對。絕對動能是拿一檔股票的過往表現來和近期表現做比較，而相對動能則是拿其他股票的狀態與特定股票去做比較。這兩者倚賴的都是同一種信念：在短時間內，強者恆強，弱者恆弱。

接下來，我將精簡地描述動能研究的歷史；對此有濃厚興趣的讀者，我推薦可進一步閱讀安東納奇的《雙動能投資》，以及賀夫斯丁的白皮書〈兩世紀以來的動能發展〉。儘管在某些純粹的價值投資提倡者眼中，「動能」聽起來就像是一種邪教，但這個研究事實上已有長達兩世紀的實驗性佐證。

早在1838年，葛蘭特（James Grant）就以檢驗英國經濟學家李嘉圖（David Ricardo）極其成功的交易策略為題，出版了一本書。葛蘭特如此描述李嘉圖的成功：

正如我剛剛所提到的李嘉圖先生，我發現到他之所以能累積如此龐大的財富，全仰賴於他能一絲不苟地執行自己所謂的「三大黃金法則」（也就是他不斷施壓周圍親友遵守的法則）。這些法則包括「絕對不要將機會拒於門外」、「儘可能降低損失」和「讓獲利持續下去」。而李嘉圖先生所謂的盡可能降低損失，是指當一個人買進股票卻發現股價開始下跌時，此人應該當機立斷地將股票賣出。而所謂的讓獲利持續，則是指當一個人買進股票而股價開始上漲時，此人應繼續持有股票，直到股價漲到最高點、且開始出現下跌。這些確實是貨真價實的黃金法則，且甚至還能應用在其他與股票無關的交易中。

儘管動能投資法已行之多年，但一直等到1937年，瓊斯（Herbert Jones）和考雷斯三世（Alfred Cowles III）才針對該方法進行了首度嚴格的實證檢驗。他們發現在1920至1935年間，「以一年作為評估的單位……我們可發現一檔在某年表現高於平均的股票，在接下來一年中，它的表現依舊明顯地超越平均趨勢。」

到了1950年代，投資新聞報的作者切斯奈特（George Chestnutt）則如此描述動能策略：

何者才是最佳策略呢？購買一檔領先群雄的股票，還是買進那些擁有潛力的股票？還是抱持著希望它們有天能迎頭趕上的心態，去買進目前落後市場的股票？而透過根據數以萬計個別投資者經驗的數據，我們可以清楚得知答案究竟為何。在絕大多數的時候，我們最好買進強勢股，並遠離那些落後者。就如同人生的各種處境，在股票市場上依舊是強者恆強，弱者恆弱。

　　與切斯奈特同一時期的投資人達華斯（Nicolas Darvas）則提出了「箱型理論」（Box Theory）──在股票來到新高點（亦即打破過往的舊箱子）時買進，並以嚴格的停損機制來圍堵風險。達華斯如此描述自己的方法：「熊市時我會躲得遠遠的，將那些特殊股票留給不介意拿自己的錢與市場趨勢為敵的人接手。」緊接著，李維（Robert Levy）於1960年代晚期，提出了「相對強勢」的概念，然而自此之後的三十年間，動能投資開始被眾人忽視。

　　當葛拉漢（以及後起的巴菲特）的基礎投資法開始主宰投資界後，動能投資漸漸地被視為一種譁眾取寵的騙術。在談論到價格動能時，巴菲特言語間毫不掩飾自己對

此概念的嫌棄，他說：「對於有如此多的研究以價格或量化行為等圖表之類的東西為題，我總是感到無比驚訝。你可以想像自己只是因為某間公司在上一週、與上上一週出現漲停板，就去買下整間公司的行為嗎？」

在更近期裡，理論學家對於動能的接受度逐漸提升，因為無論是何種稀奇古怪的原因導致它開始浮出水面，該方法的持久性與普遍性確實不容否認。在傑拉迪胥（Narasimhan Jegadeesh）和堤特曼（Sheridan Titman）所寫的〈回歸買進贏家，賣出輸家：股票市場效率的啟示〉中，我們可見到在1965至1989年間，贏家股票在接下來的六個月至十二個月間，其表現平均持續超越輸家股票。而兩者間也出現了顯著的差異——即便根據其他風險因素來調整回報差異，每個月依舊有1%的差距。

確實如此，動能效應具有普遍的趨勢，且不會因市場、地點或時間而受到限制。蓋克西（Chris Geczy）和薩默諾夫（Mikhail Samonov）進行了經常被人稱之為「史上最長回測」的檢驗，並發現早在1801年的時候，動能效應就在美國現蹤！而早在英國的維多利亞時代，動能信號總能維持著良好的功效，並在四十多個國家、超越數十個資產類別中，證明了自身的力量與持久度。

我們對動能投資的心理傾向是如此根深蒂固,「早在研究者將動能獲利作為一門學問進行研究之前,該現象在出現的當下,就自然而然地成為市場的一部分。」如同所有基於潛意識心理傾向所冒出來的財務變項般,認為動能策略是一種普遍現象,是極為合理的。

▌當動能加上價格……

你發現此刻的自己,正身處在一個十字路口上,而這個路口就跟我一開始選擇相信動能力量時,所面對的路口是一樣的。一方面來看,有直覺與實際上的證據可證明動能的存在;但另一方面,我們又有何資格否定巴菲特的看法?在仔細審視「動能超棒」與「動能就是邪教」兩方陣營的論點後,我們發現雙方的說法都很可信,而在綜合了兩方的最佳論點後,我們得以創造出一個比純粹依賴動能策略更為有效(缺點較少)的推力。

歐沙那希檢驗了六個月內表現最佳的前10%動能股與整體股市的表現,並發現在動能策略的引導下,投資者可以獲得14.11%的回報率,超越市場的10.46%。儘管3%左右的差距聽起來不怎麼厲害,但這個字背後所代表的可是最終攀升到5億7,300萬美元的動能投資,和總金

額不到3,900萬的市場投資（以1926年12月投注1萬美元的投資來計算）。歐沙那希也發現，動能股可以在些許的一致性下，創下五年內有87％的時間超越市場基準的好成績。

那沒什麼好說的了！我們只需要每年都去買前10％的動能股，就能跟唐老鴨那小氣的有錢叔叔一樣，躺在成堆的金幣中欣然退休，不是嗎？先別把話說得那麼急。儘管單看動能確實是一個非常棒的策略，但當這個策略出錯時，往往也會錯得一塌糊塗。

如同你或許早就猜到的，某些動能股的價格真的非常昂貴。畢竟它們可是正朝著更貴的方向前進。而問題就出在這裡：採取最純正的動能策略，可能會將你推向投機泡沫（如本世紀交替之時的科技泡沫）最高點，並遭受重擊。在泡沫開始膨脹且尚未破滅之前，動能股的表現非常優異，名列前10％的動能股在1995年12月至2000年2月間，價格整整飆漲了42.24％。然而，在接下來的三年裡，這樣的趨勢卻完全被扭轉，高動能股近乎損失了原有一半的價值，表現得比市場上多數的股票還差。

那麼，如果我們將追求純粹推力的策略，融合之前所學到的「合理價格」思維，又會得到什麼樣的結果呢？避

險基金大師阿斯奈斯在〈價值與動能策略的疊加〉研究中，檢驗了將這兩種在實務上已被證實有效的投資策略結合後，能產生什麼樣的力量。毫無意外的，他發現價格與推力呈現負相關，亦即價格低的股票往往不具有動能，而動能股往往不便宜。

在將股票依據昂貴與動能程度區分成五組後，阿斯奈斯將同為兩個世界中的佼佼者（低價、高動能）與同為兩個世界中最差勁者（高價、低動能）進行比較，並得到了令人印象深刻的結果──高價、低動能的投資組合，其年回報率為令人失望的0.36％，相比之下，低價、高動能的投資組合，卻能帶來令人驚豔的19.44％回報。如果說結合動能與基本面策略就像是一場巫術──快把我的針和娃娃遞過來吧！

正如同歐沙那希精確的評論，「在華爾街眾多的信念中，『價格動能』是最讓所有有效市場理論者為之崩潰的一個。」在一個完美的世界裡，只因為一檔股票的價格在上漲，就用高於昨天的現價去購買該公司股票，實在是超級不合理的事！但我們並不是活在一個完美的世界裡，這是一個弔詭的華爾街世界，而這裡的規則就是如此。

當葛拉漢提出了「雪茄屁股投資法」時，同時也確立

了一項不容質疑的真理：你為一家公司所付出的價格極其重要。而蒙格根據此一原則，鼓勵巴菲特盡量購買價格合理的好公司，讓此一投資法進展到一個新的層次。而行為投資學延續了這個脈絡，成為此一偉大真理的最新演化，並發現當我們以合理的價格買進一間好公司、而別人也開始同意你對該公司的評估時，也就來到將回報最大化的時刻。

總結：影響深遠的 5P 模型

在規則基礎行為投資方面，有非常多的方法可作為我們投資的指導原則，而「5P 選股法」不過是其中的一種。這 5P 之所以確實有效，是因為經過研究證實、概念簡單且可以衡量一間公司的基本盤。無論是就常理或經驗上來看，購買高品質、價格合理且規規矩矩營運的公司，同時相信好的管理就會帶來優異的績效，自然是相當合情合理的思路。

或許你可以透過增加個人因素到 RBI 框架內的方式，來提昇 5P 模型的效果，而不用透過假想一些虛無縹緲的事物來改善它。規則基礎行為投資之所以能發揮效果，原

理其實很簡單——透過執行幾個規模雖小但影響深遠的行為，我們就能在時間推移的幫助之下，獲得令人驚豔的成果。

行為校準怎麼做？

思考：「擁有動能的股票通常能繼續保有向上的續航力。」

問：「在過去六個月至一年間，該股票就相對與絕對角度來看，表現得如何？」

做：集中購買一組價格誘人、高品質且正享有動能優勢的股票，並將此購買程序自動化。

瘋狂世界下的行為投資學

你無法因隨波逐流而成為一名價值投資者。

——賽思·卡拉曼
價值投資人

埃德溫·勒菲弗（Edwin Lefèvre）是一名出生於哥倫比亞的記者、作家與外交官，他最為人津津樂道的事蹟，莫過於他對華爾街文化所留下的諸多描述。儘管他總共出版過八本著作，但最為人推崇的依舊是《股票作手回憶錄》，一本被眾人公認為輕輕改寫傑西·李佛摩人生的傳記。在勒菲弗的這本代表作中，我最喜歡的段落就是他針對投資理論與實際應用間所存在巨大差距的描述：

我曾遇過許多人因為自己腦中所設想的股市行動、並因著那些行為所能帶來的虛幻財富而沾沾自喜。有些時候，這些虛幻的賭徒甚至能在自己的想像中賺到上百萬。

而人們很容易會因此而變成莽撞的投機者。這就像是老派故事中那個明天即將要決鬥的男子。

男子的副手問他：「你的槍法有多強？」

「嗯，」男子說，「我能在二十步之外的距離，一槍射中高腳杯的最細之處。」他的表情看上去相當鎮定自若。

「不錯，不錯，」副手面無表情地說。「但你能在那個高腳杯裝著一把上了膛的手槍、且槍口直直對著你心臟的情況下，一發射中那個高腳杯嗎？」

讀到這裡，你會發現本書其實沒有要求你做太多。你讀到為了掌管自己與自身的財務，你需要哪些行為上的約束。在獲得並內化經由我去蕪存菁所擷取出來的偉大市場思想家智慧後，此刻充分具備理論基礎的你，絕對可以輕而易舉地在二十步之外擊倒非有效的行為。然而唯一的問題就在於：市場也是個神槍手。

我試著宣揚「行為」是如何深入影響一切事物——從風險管理到個人決策制定、股票選擇等知識。在一定程度的努力下，這種透過書本來進行學習的方式，是邁向成功的必要且充分的辦法。但在投資方面上，光憑知識是絕對不夠的。

前高盛投資模型創建者德曼，引用了奧地利經濟學家、諾貝爾獎得主海耶克（Friedrich Hayek）針對硬科學與軟追求（例如投資管理）之間的落差所提出來的想法。德曼認為，「在物理科學的世界裡，我們透過具體的經驗來理解宏觀事物，並透過抽象思考來探索微觀世界。舉例來說，最早關於概念的理論探究，往往是針對可透過人類感官來查知的事物（例如壓力），最終並導致我們得以理解所謂的「壓力」也是基於微觀粒子所造成的現象。在硬科學的世界裡，來自宏觀世界的觀察，就像是在奠定一條通往微觀世界的道路，讓我們得以對微觀世界進行探索與將其理論化。

然而，「物理嫉妒」（physics envy）的影響是如此強大（就跟所有社會科學一樣——是的，投資也是社會科學），早期投資管理的「科學化」起始於一個極為宏觀的視角下，且過分忽視個別市場參與者。而如同德曼所說的，「抽象的順序應該要顛倒過來——我們首先透過實務經驗理解了個別股票經紀人與市場參與者的資訊，而宏觀『經濟』才是抽象的部分。如果說正確的方式是從具體進入抽象……那麼在經濟上，我們就應該從個體再進入到經濟與市場，而不是反其道而行。」

對任何一種務實的投資公式而言，人類個體的心理因素（包括缺點）絕對必須放在核心之處進行考量。好消息是，他人的錯誤行為能持續且系統性地為我們帶來優勢；壞消息則是我們也免不了落入錯誤行為的陷阱中。因此，如果缺乏一套能讓我們嚴格奉行的金律，我們也有可能成為致使他人成功的墊腳石。

這個道理（在思考與行動上我們也擺脫不了此種系統性錯誤的出現），完美地解答了「為什麼我們需要做出這些努力」的問題。畢竟，在理解價格、人、推力等不利條件所可能產生的影響力度方面，我們絕非唯一一個可觸及到此類研究的人。但我也可以帶著一定程度的信心告訴你，這些不利條件的存在將是永遠不變的，正如同我可以向你拍胸脯保證，有些人就是會暴飲暴食、背著伴侶偷吃、畏懼大白鯊勝過於大麥克。美國之所以有這麼多胖子，絕不是因為我們缺乏健身房或營養方面的知識。我們之所以肥胖，是因為甜甜圈比青花椰菜好吃多了。避險基金經理人卡拉曼也贊同這樣的看法，他說：

就算整個國家的人民都成為證券分析師、將葛拉漢的《智慧型股票投資人》背得滾瓜爛熟且定期參加巴菲特的

年度股東大會，多數人還是會發現自己無法抗拒IPO熱、動能策略或投資新潮流。人們還是會覺得當沖交易充滿誘惑，股市線圖上的技術分析演繹更是無比動人。一個住滿證券分析師的國家，依舊會反應過度。簡而言之，即便是接受最出色訓練的投資者，還是會基於同一個不可抗的原因——控制不了自己，犯下所有投資者一再犯下的錯誤。

在累積巨額財富的道路上，「人性不可靠」的事實將是我們最大且最持久的優勢。然而，「人性不可靠」也將是阻礙我們達成此一目標的最大絆腳石。

如果說人類的不一致性，是RBI方法得以在漫長時間維度下、持續坐享豐碩果實的一大原因，那麼第二個原因，可能就沒那麼符合我們的直覺了。那就是：正因為RBI方法在短期之內可能會獲得失敗的結果。在數個月、甚至數年的時間裡，此方法的成效或許會被許多其他投資法所超越。巴菲特曾經失去準頭的次數，多到我無法一一細數。葛林布萊特所提出能在中長期打敗S&P 500表現的神奇公式，也曾經連續三年都落後市場表現，且根據歷史紀錄來看，在每十二個月之中，就會有五個月的表現不如預期。

在這些時間裡，短視近利的投資者肯定會質疑RBI模型的效果，忽視其承載的簡單智慧，並選擇脫隊。如果歷史是一切事物的老師，那麼我們可以預期在放棄RBI之後，或許會立刻經歷一段相當優異的表現。如同葛拉漢所觀察到的：「有鑒於股市中有這麼多專業的聰明人，如果能有一種方法既可靠卻同時如此不受眾人注意，那將會是非常奇怪的事。然而我們的事業與聲譽，卻偏偏就是奠基在這種非常不可能發生的事實上。」

許多偉大的投資家明確地告訴我們，行為投資是一條孤單的路，且會與眾多在乎人氣競賽的市場參與者分道揚鑣。早在「行為投資學」一詞被提出來之前，經濟學家凱因斯就觀察到以下現象：

真正最在乎公眾福祉的長期投資家，其行為舉止卻往往遭致最多非議，無論管理這筆基金的對象是一個委員會還是銀行董事會。因為就平凡大眾的眼光來看，他的行為在本質是是非常特異、不合慣例且莽撞的。如果他成功了，人們會將其歸功於他的莽撞；如果在短期內他不幸失敗了，也很有可能不會得到任何人的同情。這個世界的經驗告訴我們，因循舊規而失敗絕對比打破慣例而取得成功

來得受人尊敬。

　　非典型、卻能帶來成功的規則基礎行為投資，也如同凱因斯所預測的，受到大眾的誤解。你的某些朋友，例如堅定不移的指數投資者會認為 RBI 對他們來說，過於主動。而那些堅持要將所有錢都壓在單一股票上的人，又會認為你這種需要耐心與系統性的方法，過於死板。但在財務管理上，有一個與人生通用的亙古真理：唯有穩定的中庸之道，才能帶來令人滿意的成果，無論當下此種中庸之道看上去是多麼地稀奇古怪。

　　到目前為止，我們已經讀到行為投資所能賦予我們的種種優勢，但我們卻還沒有討論到它給予我們的最大恩惠——自我反省與個人成長所帶來的無數好處。從外表來看，多數人都以為投資是一件枯燥乏味、泯滅人性、純粹追求利益的事。但真正稱職的投資者在對投資世界中的人類因素越來越了解後，他們獲得的不僅僅是提升投資程序的機會，還有改善人生的機會。在一場面對專業投資者的演說中，茲威格熱情地談到：

　　如果你認為行為金融學不過是一扇觀看世界的窗，那

麼你很有可能會對自己、對客戶與公司，造成難以挽回的損害。事實上，它更像是一面我們應該照向自己的鏡子。更令人膽戰心驚的是，它就像是一面足以放大並清楚呈現我們所有缺陷與不完美的鏡子。

畢竟，我們不需要什麼勇氣，就能透過一扇窗戶望下底下的世界，看著庸碌的人們在不得其門而入的狀況下，漫無目的地四處亂竄——與此同時，位在高處且佔據優勢位置的你，卻能清楚看見通往成功的那條道路，但面對著鏡子，就需要很大的勇氣了，尤其當你必須非常、非常長時間地捧著它，同時看著各種影像逐漸浮現——在鏡子彼端凝視著你的，是一個義無反顧地成為「小數定律」受害者的人；抱持著後見之明偏誤的人；反應過度的人；抱持狹窄框架的人[1]；擁有「心理帳戶」的人[2]；淪陷於「安於現狀偏誤」的人；無法評估自己未來悔恨的人；以及最重要的——過度自信的人。

1　意指投資者往往傾向以一個相對狹窄的參考框架，藉以做出投資決策。
2　諾貝爾經濟學獎得主塞勒在2017年提出「心理帳戶」的概念，他認為每個人都擁有這個帳戶，並透過它來進行各種經濟決策。

古希臘人對「地心說」深信不疑，認為萬物皆圍繞著宇宙中心──地球而轉，這對現今的我們來說簡直是不可思議的想法。在典型的古代社會裡，大眾普遍相信人的體內潛藏著四種液體：血液、黑膽液、黃膽液和痰，而身體的健康與否必須取決於這四種體液是否均衡而定。在沒那麼久遠的歷史上，醫生會用水蛭將脆弱的血液「放出來」，並認為這是保持活力的關鍵……為了確保自己在個人與職業方面上能時時保持謙遜，我放了一個顱相學的頭骨在我的辦公室內，提醒自己要根據一個人的大腦結構，來推斷對方的個性或人格特質。更令人心驚的是，或許在未來世代的眼中，今日我們所信奉的某些觀念也只是再可笑不過的錯誤而已。

正如同我們現在嘲笑那些落伍的事物般，我確信在不久的將來，人們肯定會好奇為什麼現在的我們居然沒有發展出一套將市場參與者行為納入考量的金融模型。

我自己有三個孩子，而我強烈希望等到他們上大學時，學校不會提供行為金融課程讓他們選修。如果有，這恐怕意味著我們依舊深陷在知識份子的派系之爭中，導致人們無法探究偉大思想間可能存在的融合，而僅為著表面的差異爭執不休。因此，我更希望我的孩子們能在學習金

融的過程中，理解金融是一個複雜、具實驗性，且在某種程度上也有些混亂的學科，而他們的教授會利用數學性的精確來引導他們，卻絕對不會忽視賦予金融活力的每一份子。融合心理學與金融，不僅能提升投資的回報率，更能讓我們進一步認識自己——這才是最大的財富。

致謝

有一句諺語說得非常好,「需要傾盡一村之力,才能拉拔大一個孩子」,我認為在寫書這方面也是如此。這本書之所以得以誕生,全有賴以下這些人,以及他們為我的人生所帶來的美好:

Alison Corsby——謝謝她給予我生命和對寫作的熱誠。

Philip Crosby——全世界最棒的職涯顧問。

奶奶——謝謝她的燉南瓜、地瓜與蕪菁菜。

Karl Farnsworth——成為我每本書的頭號粉絲。

Hege Farnsworth——孕育一位如此完美的女兒。

Ali McCarthy——因為「買低」且給了我這份事業。

Chuck Widger——我的明燈、耐心與地圖。

Craig Pearce——給予我機會。

Jim Lake——為我帶來動力、活力和目標。

Stephanie Giaramita——幽默、風趣和嘻哈音樂。

Brinker Capital——給予我一同工作的大家庭。

Steve Wruble——和我一起做夢、設計和做我的靠山。

Edmond Walters——給予我指導、機會和最真誠的意見。

Tim McCabe——鼓勵和接待到南方的我。

Meredith Jones——給予我指導，包容我的怪癖。

Brian Portnoy——謝謝他從不容忍傻子。

Maddie Quinlan——幫我校對，噢！

John Nolan——提供智慧、幽默與貝果。

Peter Kalianiotis——謝謝他告訴我，我的收費太低了！

Jordan Hutchison——謝謝他喜歡《The Dynasty》

Corey Hoffstein——謝謝他向我解釋世界如何運作。

Noreen Beaman——謝謝她的領導。

Leslie Hadad 和 Rachel Barrow——謝謝他們在早期所給予我的支持。

那些曾經聽過我的演說、買過我的書或曾經給予我任何形式鼓勵的數以千計人們—— 你們的支持是我生命中最大的福份。

行為投資金律

完勝 90％資產管理專家的行為法則

The Laws of Wealth: Psychology and the secret to investing success

作　　　者　　丹尼爾‧克羅斯比（Daniel Crosby）
譯　　　者　　李祐寧
主　　　編　　郭峰吾

總　編　輯　　李映慧
執　行　長　　陳旭華（steve@bookrep.com.tw）

出　　　版　　大牌出版／遠足文化事業股份有限公司
發　　　行　　遠足文化事業股份有限公司（讀書共和國出版集團）
地　　　址　　23141 新北市新店區民權路 108-2 號 9 樓
電　　　話　　+886-2-2218-1417
郵撥帳號　　19504465 遠足文化事業股份有限公司

封面設計　　陳文德
印　　　製　　成陽印刷股份有限公司
法律顧問　　華洋法律事務所　蘇文生律師

定　　　價　　450 元
初　　　版　　2019 年 6 月
三　　　版　　2024 年 6 月

Originally published in the UK by Harriman House Ltd in 2016,
www.harriman-house.com.

電子書 E-ISBN
978-626-7491-20-1（EPUB）
978-626-7491-19-5（PDF）

國家圖書館出版品預行編目資料

行為投資金律：完勝 90％資產管理專家的行為法則／丹尼爾‧克羅斯比
（Daniel Crosby）著；李祐寧 譯. -- 三版. -- 新北市：大牌出版，遠足文
化發行, 2024.06
384 面；14.8×21 公分
譯自：The Laws of Wealth: Psychology and the secret to investing
　　　success
ISBN 978-626-7491-25-6（平裝）
1. 投資心理學　2. 投資學

563.5014　　　　　　　　　　　　　　　　　　　113008053